全国高等教育自学考试思想政治理论课同步辅导丛书

自学同步辅导　　课程代码【03708】

中国近现代史纲要

ZhongGuo JinXianDaiShi

GangYao ZiXue TongBu FuDao

编写依据　《中国近现代史纲要》李　捷　王顺生 主编

高等教育出版社

阿拉坦其其格 编

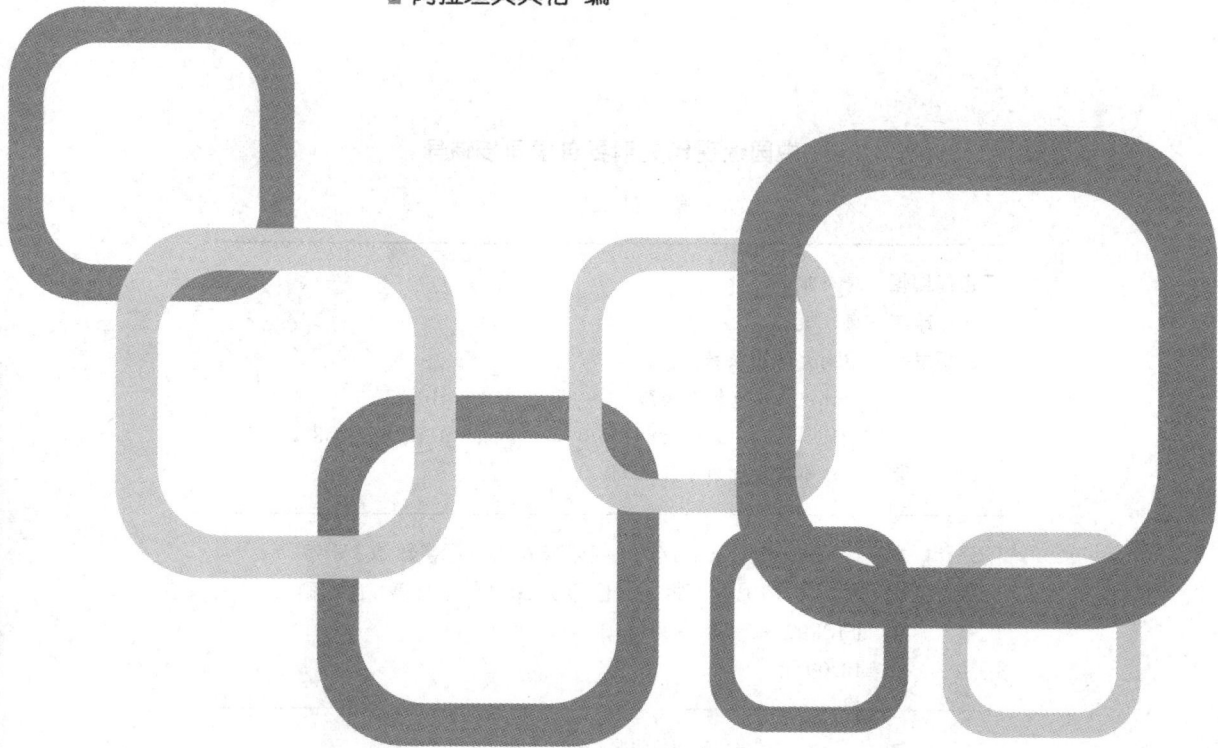

中南大学出版社

www.csupress.com.cn

图书在版编目(CIP)数据

中国近现代史纲要自学同步辅导／阿拉坦其其格编.
—长沙：中南大学出版社，2015.10(2022.9重印)
ISBN 978-7-5487-2014-0

Ⅰ. ①中… Ⅱ. ①阿… Ⅲ. ①中国历史－近现代－
高等教育－自学考试－自学参考资料 Ⅳ. ①K25

中国版本图书馆 CIP 数据核字(2015)第 251944 号

中国近现代史纲要自学同步辅导

阿拉坦其其格　编

□责任编辑	唐天赋		
□责任印制	唐　曦		
□出版发行	中南大学出版社		
	社址：长沙市麓山南路		邮编：410083
	发行科电话：0731-88876770		传真：0731-88710482
□印　　装	长沙市宏发印刷有限公司		

□开　　本	787 mm×1092 mm 1/16	□印张 6.75	□字数 163 千字
□版　　次	2015 年 10 月第 1 版	□印次 2022 年 9 月第 6 次印刷	
□书　　号	ISBN 978-7-5487-2014-0		
□定　　价	18.00 元		

前　言

　　"中国近现代史纲要"是全国高等教育自学考试本科阶段的公共必考课,是高等教育思想政治理论课程体系的重要课程之一,是帮助广大自学应考的大学生了解国史、国情,树立正确的历史观、方法论,坚定在中国共产党领导下走中国特色社会主义道路信念的主渠道和重要环节。

　　近年来,随着经济社会的快速发展,新的法律法规不断出台,科技成果不断涌现。为了适应社会发展需要,更新教育观念,深化教育改革,使自学考试更好地提高人才培养的质量,全国考委公共课课程指导委员会对原课程自学考试大纲组织了修订或重编。为了使广大自学应考的大学生能及时、快速地掌握新考纲的内容,大幅度地提高学习效率,从而顺利地通过考试,我们特组织编写了本课程的自学同步辅导用书。

　　本书根据最新的全国高等教育自学考试大纲的内容和要求,并以全国高等教育自学考试指导委员会组编的全国高等教育自学考试的指定教材《中国近现代史纲要》为依据,组织长期参加自学考试辅导的高校一线教师编写。本书知识点详尽、重难点分明,全书分为自学指导、题型练习、历年真题和强化模拟四个部分,以使广大自学考生能方便地结合教材,轻松、高效地同步学习。

　　最后,愿本书能帮助您顺利通过自学考试!

编者

2015 年 9 月

目 录

自学指导

第一部分

第一章　反对外国侵略者的斗争

内容提要:

鸦片战争前的中国和世界/资本—帝国主义对中国的侵略及近代中国社会的演变/抵御外来侵略、争取民族独立的斗争

重点和难点内容提示:

☆资本—帝国主义对中国的侵略及近代中国社会的演变(P33~38)

· 资本—帝国主义列强对中国的侵略主要表现为四个方面。

(1)军事侵略,迫使中国政府签订不平等条约。从1840年起,英国等资本主义国家先后发动了一系列对中国的侵略战争,并迫使清政府签订了一系列不平等条约,主要有第一次鸦片战争(《南京条约》《望厦条约》《黄埔条约》)、第二次鸦片战争(《天津条约》)、中法战争(《中法新约》)、中日甲午战争(《马关条约》)、八国联军侵华战争(《辛丑条约》)等。

(2)政治控制,主要表现为控制中国内政;操纵中国外交,享有领事裁判权,把持中国海关;勾结清政府,镇压中国人民的反抗;扶植、收买代理人。

(3)经济掠夺,主要表现为控制中国通商口岸;剥夺中国关税自主权;对华倾销商品;对华资本输出;操纵中国经济命脉。

(4)文化渗透,主要表现为利用宗教进行渗透和侵略,鼓吹"种族优劣论",为侵略中国制造舆论。

· 近代中国半殖民地半封建社会的特点。

(1)资本—帝国主义日益成为支配中国的决定性力量。

(2)中国的封建势力同外国侵略势力相勾结,成为外国列强压迫、奴役中国人民的社会基础和统治支柱。

(3)中国自然经济的基础虽然遭到破坏,但是封建地主的土地所有制依然存在。

(4)中国资本主义有所发展,但没有成为中国社会经济的主体。

(5)近代中国各地区经济、政治和文化发展极不平衡。

(6)中国的广大人民尤其是农民毫无政治权利,生活也极端贫困化。

· 中国近代社会的阶级关系发生新的变动,除了原有的地主阶级和农民阶级外,出现了资产阶级和无产阶级两个新兴阶级。

· 中国工人阶级的形成及其特点。

(1)工人阶级是近代中国诞生的被压迫阶级。鸦片战争后,外国资本在广州、上海等地经营近代工商业,其中产生了中国最早的一批产业工人。19世纪60年代以后,在洋务企业中,又产生了一批产业工人。70年代以后,在中国民族资本主义企业中,中国产业工人队伍又一次得以扩充。

(2)中国工人阶级具有世界无产阶级的共同优点,又有其特点:第一,它深受帝国主义、封建势力和资产阶级三重压迫和剥削,劳动条件差,劳动时间长,工资待遇低,毫无政治

权利,其革命性最强;第二,它人数虽少,但其所在地区和行业相对集中,便于形成革命的力量和传播先进思想;第三,它主要由破产农民和家庭手工业者转化而来,便于结成工农联盟。因此,中国工人阶级是近代中国社会中最先进、最革命、最有力量的阶级。

· 在半殖民地半封建社会的中国,<u>帝国主义与中华民族的矛盾、封建主义与人民大众的矛盾是两对主要矛盾</u>。它们之间的关系是:

(1)当外国列强向中国发动侵略战争时,中国内部各阶级暂时团结起来共同对敌,阶级矛盾降到次要地位,而民族矛盾上升到主要地位;

(2)当外国侵略者同中国封建政权相勾结,共同镇压中国革命时,中国人民往往用战争反对封建政权,这时阶级矛盾上升为主要矛盾;

(3)国内战争发展到直接威胁帝国主义在华利益以及中国封建地主阶级统治时,外国列强甚至直接出兵,镇压中国人民,援助中国反动派,这时帝国主义和国内封建主义完全公开站在一条战线上。

· 近代中华民族的两大历史任务是<u>民族独立和人民解放、实现国家繁荣富强和人民共同富裕</u>两大历史任务。

(1)其区别在于两者的主体、内容不一样。前者是改变民族遭压迫、人民受剥削的地位和状况,要从根本上推翻中国半殖民地半封建社会的统治秩序,解决生产关系问题;后者是改变近代中国经济、文化和社会落后的地位和状况,要充分发展近代民族工商业,解决生产力问题。

(2)其联系在于,只有完成第一大任务,才能为第二大任务的完成创造条件。一方面,前者是后者的前提条件,只有实现民族独立和人民解放,才能废除不平等条约,推翻封建专制制度,改变买办的和封建的生产关系,解放生产力,开辟走向现代化的道路;另一方面,后者是前者的目的,争取民族独立和人民解放就是为了使中国走向现代化,实现国家的繁荣富强和人民的共同富裕。

☆抵御外来侵略、争取民族独立的斗争(P39~42)

· 1841 年 5 月,广州三元里人民起义,这是中国近代史上中国人民第一次大规模的反侵略武装斗争。

· 第一次鸦片战争时期,广东水师提督关天培战死虎门,陈化成在吴淞西炮台以身殉国等。第二次鸦片战争时期,提督史荣椿、乐善(蒙古族)战死。中法战争期间,刘铭传多次击退法军,冯子材率领清军和当地民众取得镇南关大捷。在中日甲午战争中,左宝贵战死平壤,致远舰管带邓世昌、经远舰管带林永升在黄海战斗中英勇牺牲,北洋舰队统帅丁汝昌、定远舰管带刘步蟾在威海战斗中为国捐躯。

· 19 世纪 70 年代到 90 年代,自由资本主义向垄断资本主义即帝国主义阶段过渡,出现了列强争夺殖民地的狂潮。19 世纪 70 年代至 80 年代,中国陷入"边疆危机"。列强瓜分中国的图谋在 1894 年中日甲午战争爆发后达到高潮。

· 列强瓜分中国图谋的破产,其具体原因是:

(1)帝国主义列强之间的矛盾和相互制约,是一个重要原因;

(2)列强不能灭亡和瓜分中国的最根本原因是中国人民进行了不屈不挠的反侵略斗争。

· 近代中国人民反侵略斗争失败的原因。

(1)社会制度的腐败;

(2)经济技术的落后。

总之,经济技术的落后是中国反侵略战争失败的重要原因,但根本的原因还是社会制度的腐败。

· 第一次鸦片战争至辛亥革命前夕,先进中国人民民族意识觉醒的具体表现。

(1)"师夷长技以制夷"的主张和早期的维新思想。林则徐成为近代中国睁眼看世界的第一人;魏源编纂了《海国图志》,提出了"师夷长技以制夷"的思想。

(2)救亡图存与振兴中华。1895年,严复在《救亡决论》一文中响亮地喊出了"救亡"的口号。

(3)民族危机激发了中华民族的觉醒,增强了中华民族的凝聚力,救亡图存成了时代的主旋律。孙中山创立革命团体兴中会,喊出了"振兴中华"这个时代的最强音。

第二章　对国家出路的早期探索

内容提要:

农民群众斗争风暴的起落/地主阶级统治集团"自救"活动的兴衰/维新运动的兴起和夭折

重点和难点内容提示:

☆地主阶级统治集团"自救"活动的兴衰(P46~48)

· 封建统治阶级中的部分成员如奕訢、曾国藩、李鸿章、左宗棠、张之洞、刘坤一等,主张仿造西方的武器装备,学习西方的科学技术,以"自强""求富"为目标,兴办洋务。这些官员被称为洋务派。

· 洋务新政的兴办:一是兴办近代企业(包括军用工业和民用工业),二是建立新式海陆军,三是创办新式学堂、派遣留学生。

(1)从19世纪70年代开始,洋务派开始举办民用企业,经营轮船、电报、采矿冶炼与纺织工业四个部门。

(2)洋务派举办民用企业的目的主要是为了解决办军事工业煤铁等原料的需求、交通运输的需要以及企图以民用企业的利润弥补军用工业的亏空。

(3)洋务派举办的民用企业有官办、官督商办、官商合办几种形式。其中,多数都采取官督商办的方式。

(4)最重要的官督商办民用企业有轮船招商局、开平矿务局、天津电报局和上海机器织布局。这些官督商办的民用企业,都属于资本主义性质的近代企业。

· 洋务运动的历史作用:

(1)在客观上促进了中国早期工业和民族资本主义的发展;

(2)成为中国近代教育的开端;

(3)传播了新知识,打开了人们的眼界;

(4)引起了社会风气和价值观念的变化；
- 洋务运动失败的原因：
  (1)洋务运动具有封建性；
  (2)洋务运动对西方列强具有依赖性；
  (3)洋务企业的管理具有腐朽性；
  (4)清朝统治集团中的顽固势力多方阻挠。
- <u>北洋海军的全军覆没</u>，标志着洋务运动的失败。

☆维新运动的兴起和夭折(P48~51)

- 在维新派的推动和策划下，光绪皇帝颁布变法上谕，变法涉及政治、经济、军事、文教等方面，史称"<u>百日维新</u>"。以慈禧太后为代表的守旧派发动政变，囚禁光绪皇帝，逮捕、杀害维新派人士。谭嗣同等六人被杀害，史称"<u>戊戌六君子</u>"。
- 戊戌维新运动的意义：
  (1)它是一次爱国救亡运动；
  (2)它是一场资产阶级性质的政治改革运动；
  (3)它是一场思想启蒙运动；
  (4)它在改革社会风气方面也有不可低估的意义。
- 戊戌维新运动失败的原因和教训：
  (1)失败的主要原因在于维新派自身的局限和以慈禧太后为首的守旧势力的反对；
  (2)维新派自身的弱点和局限主要表现在：不敢否定封建主义，对帝国主义抱有幻想，脱离人民群众；
  (3)戊戌维新以悲剧性的失败而告终，不仅暴露出民族资产阶级的软弱性，同时也说明在半殖民地半封建的中国，企图通过统治者进行自上而下的改良的道路，是行不通的。

第三章 辛亥革命

内容提要：
举起近代民族民主革命的旗帜／辛亥革命的胜利与失败
重点和难点内容提示：

☆辛亥革命的胜利与失败(P55~59)

- 同盟会成立后，影响最大的武装起义是1911年4月27日的广州起义，史称黄花岗起义。
- 保路运动是一场事关民族权益和个人利益的运动。
- 随着革命形势的成熟，湖北新军中的共进会和文学社决定在武昌举行起义。1911年10月10日晚，新军工程第八营的革命党人打响了武昌起义第一枪，武昌起义引来了全国响应，掀起了辛亥革命的高潮。爆发了各种各样的武装起义和群众自发斗争，清政府的统治土崩瓦解。1912年2月12日，清帝退位，在中国延续了两千余年的封建帝制终于覆灭。

- 中华民国南京临时政府是<u>一个资产阶级共和国性质的革命政权</u>。南京临时政府的各项政策措施集中体现了中国民族资产阶级的愿望和利益。《中华民国临时约法》是中国历史上第一部具有资产阶级共和国宪法性质的法典。
- 《中华民国临时约法》的基本内容：
  "中华民国之主权属于国民全体"，而"以参议院、临时大总统、国务员、法院行使其统治权"；设国务总理，作为政府首脑；内阁辅佐临时大总统，为行政机关，行使行政权；设法院，行使司法权；参议院为立法机关，行使立法权，参议院还有弹劾大总统和国务员的权利；中华民国国民一律平等，享有人身、财产、集会、结社、出版、言论等自由，享有请愿、陈述、考试、选举与被选举等民主权利。
- 《<u>中华民国临时约法</u>》以根本大法的形式废除了两千年来的封建君主专制制度，确认了资产阶级共和国的政治制度。
- 中华民国南京临时政府的局限性：
  (1)企图用承认清政府与列强所定的一切不平等条约和所欠的一切外债，来换取列强承认中华民国；
  (2)没有提出可以满足农民土地要求的政策和措施，反而以保护私有财产为借口，维护封建土地制度以及官僚、地主所占有的土地和财产。
- 辛亥革命胜利的历史意义。
  辛亥革命是一次比较完全意义上的<u>资产阶级民主革命</u>，是中国人民救亡图存、振兴中华的一个里程碑，具有伟大的历史意义。
  (1)辛亥革命推翻了清王朝在中国的统治，沉重打击了中外反动势力在中国的统治。
  (2)辛亥革命宣告了封建君主专制制度的结束和民国的建立。中华民国是中国历史上<u>第一个资产阶级共和政府</u>。
  (3)辛亥革命也是一场思想解放运动。辛亥革命开启了思想进步和民族觉醒的大门。
  (4)辛亥革命促使社会经济、思想习惯和社会风俗等方面发生了新的变化。它推动了民族资本主义经济的发展，促进了社会风气的改变和人们的精神解放。
  (5)辛亥革命打击了帝国主义在华势力，为亚洲各国人民的革命斗争提供了范例，推动了亚洲各国民族解放运动的高涨。
- 辛亥革命失败的原因及教训。
  (1)辛亥革命的局限性。其具体表现为：①<u>没有提出彻底的反帝反封建的革命纲领</u>；②<u>没有充分发动和依靠民众</u>；③<u>没有建立坚强的革命政党</u>。
  (2)它的失败表明，资产阶级共和国方案在中国行不通，民族资产阶级不可能领导中国的民主革命取得最后胜利。
- 北洋军阀的黑暗统治的表现。
  (1)在政治上，北洋政府实行军阀官僚的专制统治。一方面，剥夺人民的各种政治权利，逮捕、杀害革命党人和无辜民众；另一方面，毁弃辛亥革命过程中孙中山苦心缔造的资产阶级民主制度。
  (2)在经济上，北洋政府竭力维护帝国主义、地主阶级和买办资产阶级的利益。
  (3)在文化思想方面，北洋政府尊孔复古，用封建思想遏制人民的解放思想，维护其反动统治。

· 资产阶级革命派对革命果实的捍卫:

(1)发动"二次革命",反对袁世凯对民主制度的摧残。

(2)组织中华革命党,反对袁世凯专制统治。

(3)发动护国战争,反对袁世凯称帝。

(4)发动第一次护法运动,反对段祺瑞破坏《中华民国临时约法》。

(5)发动第二次护法运动。第二次护法战争的失败,标志着中国旧民主主义革命的终结。

第四章　开天辟地的大事变

内容提要:

新文化运动与五四运动/马克思主义传播与中国共产党诞生/国共合作与国民革命

重点和难点内容提示:

☆新文化运动与五四运动(P60～63)

· 第一次世界大战结束后,世界发生深刻变化。

(1)欧洲主宰世界的局面从此结束;

(2)战争引发了一系列革命,国际关系出现新的格局,帝国主义国家间形成"凡尔赛—华盛顿体系";

(3)俄国十月革命的胜利,建立了人类历史上第一个社会主义国家;

(4)中国反帝反封建的民主革命成为世界无产阶级社会主义革命的一部分。

· 新文化运动的主要内容。

新文化运动的主要内容是提倡民主和科学。

(1)民主主要是指资产阶级的民主思想和民主制度,倡导造就法国式的资产阶级共和国;民主还提倡个性解放,平等自由,造就自主、自由的人。

(2)科学主要指自然科学,提倡以科学的精神和科学的方法来研究社会。

· 新文化运动是资产阶级民主主义革命性质的思想启蒙运动。

· 新文化运动的历史意义:

(1)它是资产阶级民主主义的新文化同封建主义旧文化的斗争,是辛亥革命在思想文化领域的延续,沉重打击了封建专制主义;

(2)它大力宣传了民主和科学,启发了人们的理智和民主主义觉悟,将人们从封建专制所造成的蒙昧中解放出来,开启了思想解放的潮流;

(3)它为中国先进分子接受马克思主义准备了适宜的土壤,为以五四运动为开端的中国新民主主义革命创造了思想文化上的条件;

· 新文化运动的局限性:

(1)新文化运动的倡导者没有揭示出封建专制主义得以存在的社会根源。

(2)他们把改造国民性置于优先地位,但是又脱离改造产生封建思想的社会环境的革命实践,没有把运动普及到工农群众中去,仅仅依靠少数人的呐喊,其目标就难以实现。

(3)他们中不少人在思想方法上存在绝对肯定或绝对否定的形式主义偏向。

· 五四运动爆发的时代条件和社会历史条件。

(1)时代条件:它发生在俄国十月革命所开辟的世界无产阶级社会主义革命的新时代。

(2)阶级基础:中国的民族资本主义经济在"一战"期间得到短暂而迅速的发展,中国的工人阶级这一新的社会力量也得以成长。

(3)新文化运动掀起的思想解放潮流的推动,为五四运动准备了最初的群众基础和骨干力量。

· 巴黎和会上中国外交的失败是五四运动爆发的直接导火线。五四运动分为两个发展阶段,1915年6月5日,上海工人2万余人开始罢工,五四运动的中心从北京转移到上海,主力由学生转为工人。

· 五四运动的历史特点和历史意义。

(1)五四运动是中国近代史上一次彻底的反帝反封建的革命运动,表现了反帝反封建的彻底性,把中国人民反帝反封建的斗争提升到一个新的水平线上。

(2)五四运动广泛地动员和组织了群众,是一场真正的群众性的革命运动。青年学生起了先锋作用,中国工人阶级开始登上政治舞台,在运动后期发挥了主力军作用。

(3)五四运动促进了马克思主义在中国的广泛传播,促进了马克思主义同中国工人运动的结合,为中国共产党的成立作了思想和干部上的准备。

(4)五四运动是中国新民主主义革命的伟大开端。五四运动以后,无产阶级逐渐代替资产阶级成为近代中国民族民主革命的领导者。

☆马克思主义传播与中国共产党诞生(P63～67)

· 中国早期信仰马克思主义的主要包括三类人:

(1)五四运动前的新文化运动的精神领袖,其代表是李大钊、陈独秀;

(2)五四运动中的左翼骨干,其代表是毛泽东、杨匏安、蔡和森、周恩来等;

(3)一部分原中国同盟会会员、辛亥革命时期的活动家,以董必武、吴玉章、林伯渠等为代表。

· 中国早期马克思主义思想运动的表现:

(1)马克思主义著作的翻译和出版;

(2)学习、研究和宣传马克思主义的社团的涌现;

(3)大量进步刊物的创办。

· 中国早期马克思主义思想运动的特点:

(1)重视对马克思主义基本理论的学习,从一开始就坚持了马克思主义的革命原则和正确方向;

(2)注意从中国的实际出发,学习、运用马克思主义的理论;

(3)开始提出知识分子应当同劳动群众相结合的思想。

· 中国共产党早期组织开展的工作主要包括:

(1)研究和宣传马克思主义;

(2)到工人中去开展宣传和组织工作;

(3)进行关于建党问题的讨论和实际组织工作。

· 中国共产党的最早组织于<u>1920 年 8 月</u>在<u>上海</u>成立,也是中国第一个<u>地方</u>共产党组织。

· 中国共产党第一次全国代表大会的召开。

(1)<u>1921 年 7 月</u>召开于<u>上海</u>。

(2)主要内容:大会通过了中国共产党第一个纲领和第一个决议。规定党的名称为中国共产党;党的纲领是以无产阶级革命军队推翻资产阶级,采用无产阶级专政,以达到阶级斗争的目的,规定了党员条件和党的纪律等;规定党成立后的中心任务是开展工人运动,以共产主义精神教育工人。

大会选举产生了由<u>陈独秀</u>、<u>张国焘</u>、<u>李达</u>三人组成的中央局作为党的领导机构,陈独秀担任中央局书记。

· 中国共产党成立的历史特点:

(1)以俄国布尔什维克为榜样,是按照列宁的建党原则建立起来的,接受的是马克思主义的完整的世界观和社会革命论,同第二国际修正主义划清了界限;

(2)在半殖民地半封建中国的工人运动基础上产生的,没有社会改良主义的基础。

· 中国共产成立的时代意义:

(1)标志着中国革命有了一个坚强的领导核心;

(2)中国革命从此有了一个科学的指导思想;

(3)沟通了中国革命与世界革命的联系,使中国革命有了新的前途。

· 党的二大宣言通过对近代中国经济政治状况的分析,揭示出中国社会的<u>半殖民地半封建性质</u>,革命的对象是<u>帝国主义和封建军阀</u>;现阶段中国革命的性质是<u>民主主义革命</u>,革命的基本动力是<u>工人</u>、<u>农民</u>、<u>小资产阶级和民族资产阶级</u>。

· 党的二大宣言规定了中国共产党的最高纲领和最低纲领。党的最高纲领是实现<u>社会主义</u>、<u>共产主义</u>。党的最低纲领,即党在当前阶段也就是民主革命阶段的纲领,其主要内容是:<u>消除内乱,打倒军阀,建设国内和平;推翻国际帝国主义的压迫,达到中华民族完全独立;统一中国为真正的民主共和国</u>。

· 中共二大在中国近现代历史上第一次明确提出了<u>反帝反封建的民主革命纲领</u>,解决了<u>分清敌友</u>这个革命的首要问题。

· 中国共产党发动工农群众开展革命斗争的表现。

(1)工人运动方面:1921 年 8 月,中国共产党在上海成立中国劳动组合书记部,这是党领导工人运动的专门机关;1922 年 1 月,香港海员举行大罢工;1922 年 9 月,安源路矿工人举行大罢工;1923 年 2 月,京汉铁路工人举行大罢工;

(2)农民运动方面:1921 年 9 月,<u>沈定一</u>等在浙江省萧山县衙前村成立第一个农民协会,组织农民开展反抗地主压迫与剥削的斗争。彭湃在广东省<u>海丰县</u>成立海丰县总农会,会员达 10 万人。毛泽东在湖南开展农民运动,参加农会的会员达 10 万余人。

第五章　中国革命的新道路

内容提要:

国民党在全国的统治和中间党派的政治主张/中国共产党对革命新道路的艰苦探索/中

国革命在探索中曲折前进

重点和难点内容提示：

☆中国共产党对革命新道路的艰苦探索(P74~78)

- 革命危急时刻加入共产党的代表人物:<u>徐特立</u>、<u>郭沫若</u>、<u>贺龙</u>、<u>彭德怀</u>。
- 八七会议的主要内容有:

  (1)会议彻底清算了大革命后期陈独秀的右倾机会主义错误,确定了土地革命和武装斗争的方针;

  (2)选出了以瞿秋白为首的中央临时政治局。

  (3)毛泽东在发言中着重阐述了农民问题和武装斗争对于中国革命的极端重要性。
- 八七会议的历史地位:八七会议给正处在思想混乱和组织涣散中的中国共产党指明了出路,为挽救中国共产党和中国革命作出了巨大贡献。这是由<u>大革命失败到土地革命战争兴起</u>的一个历史转折点。
- 南昌起义的历史意义:

  (1)它打响了<u>武装反抗国民党反动统治</u>的第一枪,体现了中国共产党人为实现中国人民的根本利益和中华民族的解放事业而前赴后继的革命精神;

  (2)它成为共产党<u>独立领导革命战争</u>、<u>创建人民军队</u>和<u>武装夺取政权</u>的伟大开端;

  (3)它揭开了土地革命战争的序幕。
- 秋收起义的特点:

  (1)放弃了"左派国民党"运动的旗号,公开打出了"<u>工农革命军</u>"的旗帜;

  (2)它不仅是军队的行动,而且有数量众多的<u>工农武装</u>参加。
- 井冈山农村革命根据地的建立及意义:

  (1)它点燃了"<u>工农武装割据</u>"的星星之火,为共产党领导的其他各地的起义武装树立了榜样;

  (2)它从实践上开辟了一条在敌我力量悬殊的情况下,共产党深入农村保存和发展革命力量的正确道路,这条道路代表了 1927 年革命失败后中国革命的发展方向。
- 中国共产党人对中国革命新道路进行了探索:

  (1)以农村为工作重点,到农村去发动农民,进行土地革命,开展武装斗争,建设根据地;

  (2)毛泽东不仅在实践中首先把革命的进攻方向指向农村,而且从理论上阐明了武装斗争的极端重要性和农村应当成为党的工作中心的思想,回答了红色政权存在和发展的原因及条件,阐述了"工农武装割据"的思想,提出了以乡村为中心的思想。
- 红色政权存在和发展的原因及条件:

  (1)中国是几个帝国主义国家间接统治的政治经济发展极端不平衡的半殖民地半封建的大国(这是红色政权能够存在和发展的根本原因);

  (2)国民革命的影响;

  (3)全国革命形势的继续向前发展;

  (4)相当力量的正式红军的存在;

  (5)共产党组织的坚强有力和各项政策的正确贯彻执行。

· 中国共产党发动和开展的土地革命。

(1)农民土地问题是中国共产党领导的新民主主义革命的一个基本问题。开展土地革命,就是要消灭封建地主的土地所有制,实行农民的土地所有制。

(2)1928年12月,毛泽东在井冈山主持制定了中国共产党历史上第一个土地法,首次肯定了广大农民获得土地的权利。

(3)1929年4月,将"没收一切土地"改为"没收一切公共土地及地主阶级的土地",保护了中农的利益。

(4)1931年2月,毛泽东明确规定农民已经分得的田归农民个人所有,废除了地主的土地所有制,实现了农民的土地所有制。

(5)毛泽东等人还规定了土地革命中的阶级路线和土地分配方法。这主要是,坚定地依靠贫农、雇农,联合中农,限制富农,保护中小工商业者,消灭地主阶级;以乡为单位,按人口平分土地,在原耕地的基础上,实行抽多补少、抽肥补瘦。土地革命的开展,充分调动了根据地农民发展生产和参军参战的积极性。

☆中国革命在探索中曲折前进(P78~82)

· 1931年11月,中华苏维埃第一次全国代表大会在江西省瑞金县叶坪村举行,宣告了中华苏维埃共和国临时政府的成立。中华苏维埃共和国是中国历史上第一个全国性的工农民主政权。

· 二十世纪二三十年代中国共产党内出现的三次"左"倾错误及其原因。

(1)主要错误:

第一次是1927年11月至1928年4月的"左"倾盲动错误,认为革命形势在不断高涨,盲目要求"创造总暴动的局面";

第二次是1930年6月至9月以李立三为代表的"左"倾冒险主义,错误地认为中国革命乃至世界革命进入高潮,盲目要求举行全国暴动和集中红军力量攻打和夺取武汉等中心城市;

第三次是1931年1月至1935年1月以陈绍禹(王明)为代表的"左"倾教条主义。

(2)原因:

第一,八七会议以后,党内一直存在着浓厚的近乎拼命的冲动,始终没有能够从指导思想上得到认真的清理;

第二,全党的马克思主义理论准备不足,理论素养还不高,实践经验也很缺乏,王明又时时搬出马克思主义的词句来吓唬人,容易使一些干部受到蒙骗;

第三,共产国际的干预以及对王明的全力支持,更使许多人失去了识别和抵制能力。

· 王明"左"倾教条主义的主要错误及其危害。

主要错误:

(1)在统一战线问题上,将1927年大革命失败时暂时退出革命阵营,在"九一八"后要求抗日与民主的民族资产阶级视为中国革命最危险的敌人,一味排斥和打击中间势力;

(2)在革命道路问题上,继续坚持以城市为中心,将准备城市工人的总同盟罢工和武装起义作为共产党最主要的任务,指令根据地的红军采取"积极进攻的策略",配合攻打中心城市;

(3)在土地革命问题上,提出坚决打击富农的主张;

(4)在反"围剿"的军事斗争问题上,实行进攻中的冒险主义、防御中的保守主义、退却中的逃跑主义方针;

(5)在党内斗争和组织问题上,推行"残酷斗争,无情打击"方针。

主要危害:

(1)使中国共产党在国民党统治区的工作出现一片混乱,党的组织遭到严重破坏,中共临时中央政治局迁入中央革命根据地;

(2)第五次反"围剿"失败,中央红军主力实施战略转移,被迫开始长征。

· 中央红军实施战略大转移,长征初期,博古等犯了退却中的逃跑主义错误,红军受到严重损失。毛泽东的正确主张得到多数人的赞同,红军转向贵州进军。

· 遵义会议的历史意义。

(1)遵义会议集中全力解决了当时具有决定意义的军事和组织问题;

(2)遵义会议在极其危急的情况下挽救了中国共产党、挽救了中国工农红军、挽救了中国革命,开始确立了以毛泽东为代表的新的中央的领导,成为中国共产党历史上一个生死攸关的转折点,标志着中国共产党在政治上走向成熟。

· 红军长征起止时间是:1934年10月至1936年10月。1936年10月,红二、四方面军先后同红一方面军在甘肃会宁、静宁将台堡会师,长征胜利结束。

· 长征胜利的历史意义:

(1)它粉碎了国民党"围剿"红军、消灭革命力量的企图,是中国革命转危为安的关键;

(2)通过长征,把中国革命的大本营放在了西北,这为迎接中国人民抗日救亡的新高潮准备了条件;

(3)长征保存并锤炼了中国革命的骨干力量;

(4)长征播撒了革命的火种;

(5)长征铸就了伟大的长征精神。

第六章 中华民族的抗日战争

内容提要:

日本发动灭亡中国的侵略战争/从局部抗战到全国性抗战/国民党的正面战场与大后方的抗日民主运动/中国共产党成为抗日战争的中流砥柱/抗日战争的胜利及其意义

重点和难点内容提示:

☆国民党的正面战场与大后方的抗日民主运动(P89~90)

· 从1937年7月卢沟桥事变,到1938年10月广州、武汉失守,中国抗战处于战略防御阶段。1938年3月,李宗仁领导的第五战区在台儿庄战役中,歼灭日军1万余人,取得大捷。

· 正面战场中,国民党爱国阵亡将士有:佟麟阁、赵登禹(北平南范)、谢晋元(松沪会战)等。

· 战略防御阶段,国民政府的片面抗战路线导致正面战场失利。

· 战略相持阶段到来后,国民党由片面抗战逐步转为<u>消极抗战</u>。

· 中国共产党领导和开展的大后方抗日民主运动和抗日文化工作及其意义。

(1)1938 年初,周恩来担任国民政府军事委员会政治部副部长;中国共产党人参加国民参政会;中共中央长江局、南方局先后具体领导了大后方的抗日民族统一战线工作;1944 年 9 月,中共参政员林伯渠在国民参政会上提出成立民主联合政府的主张。

(2)中国共产党积极领导和开展国统区进步文化工作,推动和参与文化界抗战团体的组建和发展。

(3)国民党统治区的抗日民主运动和进步文化工作,是全民族抗日战争中的一条重要的战线,对于激发大后方人民的爱国民主意识、坚持国共合作团结抗战、支援抗战前线、积蓄革命力量等发挥了重要的作用。

☆中国共产党成为抗日战争的中流砥柱(P90～96)

· <u>洛川会议</u>通过的《抗日救国十纲领》的主要内容,体现了中国共产党的<u>人民战争路线</u>,是彻底的抗日纲领。毛泽东的《论持久战》系统阐述了抗日战争的特点、前途和发展规律,阐明了持久抗战的总方针。

· 全国性抗战开始后,八路军直接在战役上配合国民党军队作战。<u>平型关战役</u>是全国性抗战开始后中国军队取得的第一次重大胜利。太原失守后,八路军在敌后开展游击战争,开辟晋察冀等抗日根据地。新四军创建<u>华中根据地</u>(苏南、皖南、皖中地区)。相持阶段到来后,共产党领导的<u>抗日游击战争</u>成为主要的抗日作战方式,具有战略地位。

· 抗日游击战争的战略地位和作用。

(1)在战略防御阶段,从全局看,国民党正面战场的正规战是主要的,敌后的游击战是辅助的。但是,敌后游击战争对阻止日军进攻、减轻正面战场压力、促使战争转入战略相持阶段起了重要作用。

(2)在战略相持阶段,随着敌后人民力量的发展,敌后游击战争成为主要的抗日作战方式。敌后根据地的建立和武装力量的壮大还使游击战为人民军队进行战略反攻准备了条件。

· 相持阶段到来后,国民党顽固派发动了三次反共高潮:

(1)1939 年至 1940 年国民党军胡宗南部进攻中共中央所在地<u>陕甘宁边区</u>,阎锡山部进攻共产党领导的新四军和八路军;

(2)1941 年,蒋介石诬称新四军"叛变",宣布取消新四军番号,制造了<u>皖南事变</u>;

(3)1943 年,国民党顽固派策划发动的第三次反共高潮,由于共产党的及时披露和斗争而被制止。

· 抗日民族统一战线中的独立自主原则的含义:

(1)共产党必须保持在思想上、政治上和组织上的独立性;

(2)必须坚持对人民军队的绝对领导权,发展人民武装和抗日根据地;

(3)必须对国民党采取又团结又斗争、以斗争求团结的方针。

· 抗日民族统一战线中坚持独立自主原则的实质是<u>力争中国共产党对抗日战争的领导权</u>。

· 面对国民党不断制造的反共摩擦事件,中共提出三大口号:<u>坚持抗战、反对投降,坚持团</u>

结、反对分裂,坚持进步、反对倒退。

· 中国共产党坚持、扩大和巩固抗日民族统一战线的策略总方针。

为了坚持、扩大和巩固抗日民族统一战线,中国共产党制定了"发展进步势力,争取中间势力,孤立顽固势力"的策略总方针。

(1)进步势力主要是指工人、农民和城市小资产阶级。他们是统一战线的基础,抗日战争的主要依靠力量。

(2)中间势力主要是指民族资产阶级、开明绅士和地方实力派。争取中间势力必须充实党的力量,尊重他们的利益,并同顽固派作坚决的斗争。

(3)顽固势力是指大地主大资产阶级的抗日派,即以蒋介石集团为代表的国民党亲英美派。共产党必须对他们贯彻又联合又斗争的政策,坚持有理、有利、有节的原则。

· 抗日民主根据地的建设。

(1)加强政权建设。按照"三三制"原则(共产党员、非党的左派进步分子和中间派各占1/3),建立抗日民主政权,团结一切赞成抗日又赞成民主的各阶级、阶层;接受党外人士李鼎铭"精兵简政"的建议,使根据地政权成为当时中国最民主、廉洁的政权。

(2)停止没收地主土地的政策,普遍实行减租减息政策。这既减轻了农民负担,提高他们抗日和生产的积极性;同时又照顾地主的利益,有利于保障根据地的社会稳定。

(3)开展大生产运动,克服经济困难。针对抗日根据地出现的严重的经济困难,毛泽东提出了"发展生产,保障供给"的经济工作和财政工作的总方针,号召根据地军民"自己动手,丰衣足食",开展大生产运动。

(4)发展抗日文化事业,培养抗日骨干。创办了一批干部学校、专门学校和大量的中小学校;重视哲学社会科学和自然科学研究。

(5)开展整风运动,进行思想教育,统一全党思想。确立毛泽东思想为党的指导思想。

· 毛泽东在中共六届六中全会上提出"马克思主义中国化"的任务。

· 新民主主义的系统阐述及其意义。

毛泽东撰写了《新民主主义论》等一批理论著作,系统阐释了中国共产党的新民主主义理论。

(1)毛泽东首先分析了中国半殖民地半封建的社会性质和主要矛盾,在此基础上,科学阐明了中国共产党领导的整个中国革命运动,是包括民主主义革命和社会主义革命两个阶段的全部革命运动。

(2)毛泽东还阐明了中国共产党在新民主主义革命阶段的基本纲领:政治上,推翻帝国主义和封建主义的压迫,建立一个以无产阶级为领导、以工农联盟为基础的各革命阶级联合专政的新民主主义共和国;经济上,没收操纵国计民生的大银行、大工业、大商业归新民主主义国家所有,建立国营经济;没收地主阶级的土地归农民所有,并引导个体农民发展合作经济;允许民族资本主义经济的发展和富农经济的存在;文化上,废除封建买办文化,发展无产阶级领导的人民大众的反帝反封建的中华民族的新文化,即民族的科学的大众的文化。

(3)毛泽东总结了中国共产党成立以来的经验,指出统一战线、武装斗争、党的建设是中国共产党领导革命的三个基本问题,是战胜敌人的三个法宝。

(4)意义:新民主主义理论是以毛泽东为主要代表的中国共产党人把马克思主义基本原理同中国革命具体实际相结合的理论成果;新民主主义理论的系统阐明,标志着毛泽东思想得到多方面展开而达到成熟。
- 延安整风运动及其意义。

整风运动的主要内容：

(1) 反对主观主义以整顿学风；

(2) 反对宗派主义以整顿党风；

(3) 反对党八股以整顿文风。

其中,反对主观主义是整风运动最主要的任务。

整风运动的意义：

(1) 是一次全党范围的普遍的马克思主义的思想教育运动；

(2) 确立了一切从实际出发、理论联系实际、实事求是的马克思主义思想路线,使中国共产党在思想、政治、组织上达到了空前的巩固和团结并进一步成熟起来；

(3) 为争取抗日战争和中国革命的胜利奠定了思想基础。

- 中共七大将以毛泽东为主要代表的中国共产党人把马克思列宁主义基本原理同中国具体实际相结合所创造的理论成果,正式命名为毛泽东思想,并将其规定为党的一切工作的指针。

☆抗日战争的胜利及其意义(P96~98)

- 抗日战争胜利的原因。

在中国共产党的领导下,建立以国共合作为基础的最广泛的抗日民族统一战线,实行人民战争的路线,实行持久战的战略方针,依靠本国人民团结抗战,也争取国际援助,这就是打败日本侵略者,赢得中国抗日战争胜利的主要原因。

(1)以爱国主义为核心的伟大民族精神是中国人民抗日战争胜利的决定性因素。

(2)中国共产党的中流砥柱作用是中国人民抗日战争胜利的关键。

(3)全民族抗战是中国人民抗日战争胜利的重要法宝。

(4)世界所有爱好和平和正义的国家和人民、国际组织以及各种反法西斯力量的同情和支持,是中国人民抗日战争取得胜利的国际条件。

- 抗日战争胜利的意义。

(1)中国人民抗日战争的胜利,彻底粉碎了日本军国主义殖民奴役中国的图谋,捍卫了国家主权和领土完整,彻底洗刷了近代以来抗击外来侵略屡战屡败的民族耻辱。

(2)中国人民抗日战争的伟大胜利,重新确立了中国在世界上的大国地位。中国人民为世界反法西斯战争作出的重大贡献,赢得了世界爱好和平人民的尊敬,赢得了崇高的民族声誉。

(3)中国人民抗日战争的胜利,促进了中华民族的觉醒,开辟了中华民族伟大复兴的光明前景。抗日战争的胜利为中国共产党领导人民取得整个新民主主义革命的胜利奠定了基础。

- 中国人民抗日战争在世界反法西斯战争中的地位。

(1)中国人民抗日战争不仅是中华民族救亡图存的民族解放战争,也是世界反法西斯战争的重要组成部分。

(2)中国人民抗日战争是世界反法西斯战争的东方主战场。

(3) 中国人民的持久抗战,不仅遏制了日本的"北进"计划,迟滞了日本的"南进"步伐,而且大大减轻了其他战场的压力,为同盟国军队完成太平洋战场的战略转折和实施战略反攻创造了有利条件。

(4) 中国作为亚洲太平洋地区盟军对日作战的重要后方基地,为盟国提供了大量战略物资和军事情报。

第七章　为创建新中国而奋斗

内容提要:

从争取和平民主到进行自卫战争/国民党政府处在全民的包围中/人民共和国:中国人民的历史性选择

重点和难点内容提示:

☆从争取和平民主到进行自卫战争(P99～102)

· 抗日战争胜利后的国际格局:

(1)帝国主义受到削弱,人民民主力量明显增长;

(2)逐步打破了以维持欧洲大国均势为中心的传统的国际政治格局,形成了美苏两极的政治格局;

(3)这样的国际格局对抗战胜利后的中国产生重大影响。

· 抗战胜利后的国内形势:

(1)中国人民的觉悟程度、组织程度空前提高;

(2)国民党统治集团从其根本阶级利益出发,坚持独裁统治,坚持内战方针,继续走半殖民地半封建社会的老路,使中国仍面临两种不同命运和不同前途的尖锐斗争;

(3)三种建国方案(即地主阶级与买办性大资产阶级的建国方案、民族资产阶级的建国方案以及工人阶级、农民阶级和城市小资产阶级的建国方案)与两个中国之命运的斗争日益尖锐。

· 1945 年 8 月 25 日,中共中央在《对目前时局的宣言》中明确提出"和平、民主、团结"的口号。

· 1945 年 10 月 10 日,国共双方签署《政府与中共代表会谈纪要》(即双十协定),确认和平建国的基本方针。

· 1946 年 1 月 10 日,国共双方下达停战令,政治协商会议在重庆开幕,会议通过了政府组织、国民大会、和平建国纲领、宪法草案等五项协议。

· 1946 年 2 月 10 日,国民党派遣的特务、打手,破坏"陪都各界协进会"等 19 个团体发起在重庆校口广场举行的"庆祝政协成功大会",制造了校场口惨案。

· 中国共产党为做好自卫战争的准备:在各解放区抓紧减租、生产和练兵,组编野战兵团;发布《五四指示》,开展土地改革;抓紧"向北发展,向南防御"战略方针的落实。

· 以国民党军队进攻中原解放区为标志,蒋介石挑起全国性内战。中国共产党指出必须打败蒋介石,而且能够打败蒋介石。解放区军民先后粉碎了国民党军队的全面进攻和重点进攻。

第八章　社会主义基本制度的全面确立

内容提要：

《共同纲领》的全面实施与新民主主义革命任务的胜利完成／制定过渡时期总路线／开辟中国社会主义改造道路

重点和难点内容提示：

☆《共同纲领》的全面实施与新民主主义革命任务的胜利完成(P113～119)

· 中华人民共和国的成立标志着新民主主义革命取得基本胜利,标志着半殖民地半封建社会的结束和新民主主义社会的开始,中国历史由此开辟了一个新纪元。

· 新中国成立初期,中国共产党执政面临的严峻考验：

(1)能不能保卫住人民胜利的成果,巩固新生的人民政权；

(2)能不能战胜严重的经济困难,迅速恢复和发展国民经济；

(3)能不能巩固民族独立,维护国家主权和安全；

(4)能不能经受住执政的考验,继续保持谦虚、谨慎、不骄、不躁的作风和艰苦奋斗的作风。

· 祖国大陆基本解放和各族人民实现统一的标志是1951年西藏的和平解放。

· 国民经济全面恢复的具体措施。

(1)没收官僚资本,建立社会主义性质的国营经济。

(2)统一全国财政。中共七届三中全会,毛泽东指出争取国家财政经济状况根本好转的三个条件：土地改革的完成,现有工商业的调整,国家机构经费的大量节减。

(3)开展"三反""五反"运动,合理调整工商业。"三反"指反贪污、反浪费、反官僚主义；"五反"指反行贿、反偷税漏税、反盗窃国家资财、反偷工减料、反盗窃国家经济情报。

· 没收官僚资本的作用：削弱了资本主义经济力量；壮大了社会主义的国营经济。

· 国民经济迅速恢复的原因：

(1) 中共中央和人民政府紧紧抓住恢复和发展生产作为一切工作的中心,正确处理恢复国民经济同其他各项工作的关系；

(2) 从当时的国情出发,对国家财经实行集中和统一的管理,制定了"不要四面出击"等正确方针政策,妥善处理公私关系、劳资关系等各种社会关系；

(3) 加强党的自身建设,保持和发扬党的优良传统和作风,及时有力地抵制了资产阶级的腐蚀。

· 新中国成立前夕,党的外交方针：

(1)另起炉灶；

(2)打扫干净屋子再请客；

(3)一边倒。

- 亚洲太平洋地区和平会议是新中国成立后主持召开的第一次大型国际会议。
- 抗美援朝的胜利,提高了新中国的国际威望,为新中国的建设赢得了一个相对稳定的和平环境。

☆制定过渡时期总路线(P119～121)

- 新民主主义社会的经济成分。

  (1)新民主主义社会存在着五种经济成分,即社会主义性质的国营经济、半社会主义性质的合作社经济、农民和手工业者的个体经济、私人资本主义经济和国家资本主义经济。

  (2)其中主要的经济成分有三种,即社会主义经济、个体经济和私人资本主义经济。

- 新民主主义社会的基本矛盾:工人阶级与资产阶级的矛盾(国内),新中国同帝国主义的矛盾(国际)。

- 新中国成立初期开始向社会主义过渡采取的实际步骤:

  (1)没收官僚资本,确立社会主义性质的国营经济的领导地位;

  (2)开始将资本主义纳入国家资本主义轨道;

  (3)引导个体农民在土地改革后逐步走上互助合作的道路。

- 过渡时期总路线的基本内容和主要特点。

  (1)中共中央在1952年底开始酝酿并于1953年正式提出党在过渡时期的总路线,明确规定:"党在这个过渡时期的总路线和总任务,是要在一个相当长的时期内,逐步实现国家的社会主义工业化,并逐步实现国家对农业、对手工业和对资本主义工商业的社会主义改造。"简称"一化三改""一体两翼"。

  (2)过渡时期的总路线是一条社会主义建设同社会主义改造同时并举的总路线,体现了发展生产力和变革生产关系有机统一的特点。

- 过渡时期总路线反映了历史的必然。

  (1)社会主义性质的国营经济力量相对来说比较强大,它是实现国家工业化的主要基础。

  (2)资本主义经济力量弱小,发展困难,不可能成为中国工业起飞的基础。

  (3)对个体农业进行社会主义改造,是保证工业发展、实现国家工业化的一个必要条件。

第九章　社会主义建设在探索中曲折发展

内容提要:
良好的开局／探索中的严重曲折／建设的成就　探索的成果
重点和难点内容提示:

☆建设的成就　探索的成果(P140～143)

- 新中国社会主义建设取得的成就。
  (1)基本建立了独立的、比较完整的工业体系和国民经济体系;

(2)人民生活水平提高,文化、医疗、科技事业得到发展;

(3)国际地位提高,国际环境改善。

· 两弹一星:1964年10月,中国爆炸了第一颗原子弹;1967年6月,爆炸了第一颗氢弹;1970年4月,第一颗人造地球卫星发射成功。

· 1971年10月,中国恢复了在联合国的合法席位。

· 20世纪70年代,毛泽东、周恩来发起"乒乓外交",1972年2月美国总统尼克松访华,中美两国发表上海联合公报。

· 实现社会主义现代化的"两步走"战略:

(1) 第一步,建成一个独立的比较完整的工业体系和国民经济体系;

(2) 第二步,全面实现农业、工业、国防和科学技术的现代化,使中国的经济走在世界前列。

· 毛泽东等老一代革命家探索中国社会主义建设道路的理论贡献。

毛泽东等老一代革命家在进行"第二次结合"、社会主义发展阶段、社会主义现代化建设的战略目标和步骤、社会主义经济建设、民主政治建设、文化建设、国防和军队建设以及共产党自身建设等方面作出了一系列重大的理论贡献。所有这些,为中国特色社会主义理论体系的形成提供了重要基础。

第十章　改革开放与现代化建设新时期

内容提要:

历史性的伟大转折和改革开放的起步/改革开放和现代化建设新局面的展开/改革开放和现代化建设发展的新阶段/在新的历史起点上推进中国特色社会主义/改革开放和社会主义现代化建设的成就

重点和难点内容提示:

☆历史性的伟大转折和改革开放的起步(P144～149)

· 关于真理标准问题的大讨论的历史意义:

(1)冲破了"两个凡是"的思想束缚,是一场马克思主义的思想解放运动,成为拨乱反正和改革开放的思想先导。

(2)为中国共产党重新确立实事求是的思想路线,纠正长期以来的"左"倾错误,实现历史性转折作了思想理论准备。

· 中共十一届三中全会高度评价真理标准问题的讨论,全面分析了当前的主要矛盾和主要任务,作出了一系列重大决定,实现了建国以来党的历史上具有深远意义的伟大转折,揭开了社会主义改革开放的序幕。

· 拨乱反正任务的胜利完成的表现。

(1)平反冤假错案,调整社会关系。

(2)阐明必须坚持四项基本原则,即坚持社会主义道路,坚持人民民主专政,坚持共产党的领导,坚持马克思列宁主义、毛泽东思想。坚持四项基本原则是实现四个现代化的根本前提。

(3)郑重作出第二个历史决议。中共十一届六中全会通过《关于建国以来党的若干历史问题的决议》,科学评价了毛泽东和毛泽东思想的历史地位,对新中国成立以来的重大历史事件作出了基本结论,指明了中国社会主义事业和党的工作继续前进的方向,标志着指导思想上拨乱反正的胜利完成。

· 农村经济体制改革的突破性进展,"统分结合"的农村家庭联产承包责任制的普遍实行。

☆改革开放和现代化建设新局面的展开(P149～154)

· 改革开放的全面展开。

(1)中共十二大建设有中国特色社会主义命题的提出,社会主义现代化建设纲领的制定。

(2)中共十二届三中全会通过《关于经济体制改革的决定》,经济体制改革以城市为重点全面展开。

(3)"经济特区—沿海开放城市—沿海经济开放区—内地"多层次对外开放格局的形成。

(4)中共十二届二中全会作出关于整党的决定,开始全面整党。

(5)中共十二届六中全会作出《关于社会主义精神文明建设指导方针的决议》,提出要以经济建设为中心。

· 社会主义初级阶段理论和基本路线。

(1)我国社会已经是社会主义社会。我国的社会主义社会还处在初级阶段,我国正处于并将长期处于社会主义初级阶段。

(2)基本路线的完整表述是:领导和团结全国各族人民,以经济建设为中心,坚持四项基本原则,坚持改革开放,自力更生,艰苦创业,为把我国建设成为富强、民主、文明的社会主义现代化国家而奋斗,即"一个中心,两个基本点"。

· "三步走"发展战略的制定与实施。

(1)实现国民生产总值比1980年翻一番,解决人民的温饱问题,这个任务已经基本实现。

(2)到20世纪末,使国民生产总值再增长一倍,人民生活达到小康水平。

(3)到21世纪中叶,人均国民生产总值达到中等发达国家水平,人民生活比较富裕,基本实现现代化。

· 1980年8月,邓小平在中共中央政治局扩大会议上发表《党和国家领导制度的改革》

· 提出政治体制改革基本思路。

· 中国特色社会主义事业继续推进的表现:

(1)1989年政治风波的发生及平息;

(2)向新的中共中央领导集体的顺利过渡;

(3)继续开展国民经济的治理整顿工作;

(4)对外工作在打破对华"制裁"中全方位推进;

(5)全面推进中国共产党的自身建设。

题型练习

第二部分

一、单项选择题(在每小题列出的四个备选答案中只有一个是符合题目要求的,请将其选出填在题后的括号内)

1. 西方列强对中国的侵略,首先和主要是 【　　】
   A. 政治控制　　　　　　　　　　　B. 军事侵略
   C. 经济掠夺　　　　　　　　　　　D. 文化渗透

2. 1839 年组织编写《四洲志》,向中国介绍西方情况的是 【　　】
   A. 林则徐　　　　　　　　　　　　B. 魏源
   C. 马建忠　　　　　　　　　　　　D. 郑观应

3. 1860 年洗劫和烧毁圆明园的是 【　　】
   A. 日本侵略军　　　　　　　　　　B. 俄国侵略军
   C. 英法联军　　　　　　　　　　　D. 八国联军

4. 19 世纪末,在帝国主义列强瓜分中国的狂潮中提出"门户开放"政策的是 【　　】
   A. 俄国　　　　　　　　　　　　　B. 日本
   C. 德国　　　　　　　　　　　　　D. 美国

5. 1840 年鸦片战争后,中国社会的性质是 【　　】
   A. 奴隶社会　　　　　　　　　　　B. 封建社会
   C. 半殖民地半封建社会　　　　　　D. 资本主义社会

6. 1843 年,魏源在《海国图志》中提出的思想主张是 【　　】
   A. 中学为体,西学为用　　　　　　B. 师夷长技以制夷
   C. 物竞天择,适者生存　　　　　　D. 维新变法以救亡图存

7. 太平天国在 1853 年颁布的纲领性文件是 【　　】
   A.《十款天条》　　　　　　　　　　B.《原道觉世训》
   C.《原道醒世训》　　　　　　　　　D.《天朝田亩制度》

8. 戊戌维新时期,谭嗣同撰写的宣传变法维新主张的著作是 【　　】
   A.《新学伪经考》　　　　　　　　　B.《变法通义》
   C.《日本变政考》　　　　　　　　　D.《仁学》

9. 规定中国割让九龙半岛南端和昂船洲,"归英属香港界内"的条约是 【　　】
   A.《南京条约》　　　　　　　　　　B.《天津条约》
   C.《辛丑条约》　　　　　　　　　　D.《北京条约》

10. 1895 年,在《救亡决论》一文中响亮地喊出"救亡"口号的是 【　　】
    A. 严复　　　　　　　　　　　　　B. 孙中山
    C. 梁启超　　　　　　　　　　　　D. 康有为

11. 1899 年 11 月,强租广州湾,把云南、两广划为势力范围的帝国主义国家是 【　　】
    A. 英国　　　　　　　　　　　　　B. 法国
    C. 意大利　　　　　　　　　　　　D. 日本

12. 洪秀全发动金田起义的时间是 【　　】
    A. 1851 年 1 月　　　　　　　　　B. 1853 年 3 月
    C. 1856 年 9 月　　　　　　　　　D. 1864 年 6 月

13. 标志太平天国由盛到衰转折的事件是 【　　】

A. 北伐失利   B. 天京事变

C. 安庆失守   D. 天京被围

14. 天京事变后，率部出走的太平天国领导成员是 【 　 】

A. 李秀成   B. 石达开

C. 杨秀清   D. 韦昌辉

15. 清政府于 1861 年设立的综理洋务的中央机关是 【 　 】

A. 同文馆   B. 江南制造总局

C. 总理各国事务衙门   D. 外务部

16. 张之洞在《劝学篇》中提出的思想主张是 【 　 】

A. 中学为体，西学为用   B. 师夷长技以制夷

C. 物竞天择，适者生存   D. 维新变法以救亡图存

17. 中国半殖民地半封建社会最主要的矛盾是 【 　 】

A. 地主阶级与农民阶级的矛盾   B. 资产阶级与工人阶级的矛盾

C. 帝国主义与中华民族的矛盾   D. 封建主义与人民大众的矛盾

18. 1895 年，将中国领土台湾割让给中国的不平等条约是 【 　 】

A.《南京条约》   B.《北京条约》

C.《马关条约》   D.《瑷珲条约》

19. 基督教在中国设立的最大出版机构广学会发行的报刊是 【 　 】

A.《中国丛报》   B.《北华捷报》

C.《字林西报》   D.《万国公报》

20. 鸦片战争前中国封建社会的主要矛盾是 【 　 】

A. 地主阶级和农民阶级的矛盾   B. 帝国主义和中华名族的矛盾

C. 资产阶级和工人阶级的矛盾   D. 封建主义和资本主义的矛盾

21. 太平天国后期，提出《资政新篇》这一具有资本主义色彩改革方案的人是 【 　 】

A. 洪秀全   B. 杨秀清

C. 洪仁玕   D. 石达开

22. 对兴办洋务的指导思想最早作出完整表述的人是 【 　 】

A. 冯桂芬   B. 马建忠

C. 王韬   D. 郑观应

23. 洋务派在 1862 年创办的翻译学堂是 【 　 】

A. 京师同文馆   B. 广方言馆

C. 译书局   D. 译书馆

24. 洋务运动失败的原因不包括 【 　 】

A. 封建性   B. 对外国的依赖性

C. 管理的腐朽性   D. 封建统治者不支持

25. 中国近代史上第一个具有资本主义色彩的改革方案是 【 　 】

A.《海国图志》   B.《救亡决论》

C.《资政新篇》   D.《盛世危言》

26. 太平天国失败的根本原因是 【 　 】

A. 没有科学理论的指导   B. 缺乏先进阶级的领导

C. 无法长期保持领导集团的团结   D. 不能正确对待传统文化

27. 19 世纪 60 年代，清朝统治集团中倡导洋务的首领人物是 【   】

A. 奕䜣   B. 桂良

C. 曾国藩   D. 李鸿章

28. 19 世纪 90 年代，梁启超宣传变法维新主张的著作是 【   】

A.《新学伪经考》   B.《仁学》

C.《人类公理》   D.《变法通义》

29. 洋务派兴办洋务事业的指导思想是 【   】

A. 师夷长技以制夷   B. 中学为体，西学为用

C. 物竞天择，适者生存   D. 变法维新，救亡图存

30. 洋务派创办的第一个规模较大的近代军事工业是 【   】

A. 江南制造总局   B. 马尾船政局

C. 天津机器局   D. 湖北枪炮厂

31. 洋务运动时期，清政府建立的新式海军的主力是 【   】

A. 福建水师   B. 北洋水师

C. 南洋水师   D. 广东水师

32. 洋务派创办的第一个规模较大的近代军事企业是 【   】

A. 马尾船政局   B. 江南制造总局

C. 天津机器局   D. 湖北枪炮厂

33. 1898 年，为对抗维新变法而发表《劝学篇》的洋务派官僚是 【   】

A. 李鸿章   B. 左宗棠

C. 张之洞   D. 刘坤一

34. 戊戌维新时期，维新派在上海创办的影响较大的报刊是 【   】

A.《万国公报》   B.《国闻报》

C.《湘报》   D.《时务报》

35. 戊戌维新时期，谭嗣同撰写的宣传变法维新主张的著作是 【   】

A.《新学伪经考》   B.《变法通义》

C.《日本变政考》   D.《仁学》

36. 在武昌起义前夕的保路运动中，斗争最激烈的省份是 【   】

A. 湖南   B. 湖北

C. 四川   D. 广东

37. 1911 年 4 月，资产阶级革命派在黄兴带领下举行的起义是 【   】

A. 惠州起义   B. 黄花岗起义

C. 镇南关起义   D. 武昌起义

38. 中国历史上第一部具有资产阶级共和国宪法性质的法典是 【   】

A.《中华民国临时约法》   B.《中华民国约法》

C.《钦定宪法大纲》   D.《中华民国宪法》

39. 1913 年，孙中山领导革命党人发动的反对袁世凯的斗争是 【   】

A."二次革命" B.护国战争

C.护法战争 D.北伐战争

40.阐述在中国进行民主革命的正义性和必要性,号召人民推翻清朝统治,建立"中华共和国"的资产阶级革命思想著作是 【 】

A.《革命军》 B.《仁学》

C.《警世钟》 D.《驳康有为论革命书》

41.1913 年,资产阶级革命派为反对袁世凯刺杀宋教仁和"善后大借款"发动了 【 】

A.二次革命 B.护国战争

C.第一次护法运动 D.第二次护法战争

42. 1913 年 6 月,袁世凯实行尊孔复古,向全国发布的是 【 】

A.《通令尊崇孔圣文》 B.《通令尊孔读经文》

C.《通令祭祀孔圣文》 D.《通令尊定国教文》

43. 1915 年 5 月,袁世凯为取得日本对他复辟帝制的支持,基本接受日本提出的严重损害中国权益的条约是 【 】

A.西原借款 B."二十一条"

C.善后大借款 D.铁路借款

44.1914 年 7 月,孙中山在东京正式成立的革命党派是 【 】

A.兴中会 B.中国同盟会

C.国民党 D.中华革命党

45.旧民主主义革命时期,中国反侵略斗争失败的根本原因是 【 】

A.经济技术落后 B.社会制度腐败

C.思想文化保守 D.军事指挥失误

46.1894 年,孙中山在檀香山建立的资产阶级革命组织是 【 】

A.兴中会 B.华兴会

C.光复会 D.岳王会

47.1905 年,中国同盟会成立后的机关报是 【 】

A.《时务报》 B.《国闻报》

C.《新民丛报》 D.《民报》

48.20 世纪初,为传播民主革命思想而撰写《革命军》一书的人是 【 】

A.章炳麟 B.邹容

C.陈天华 D.孙中山

49.1905～1907 年,资产阶级革命派与改良派论战的焦点是 【 】

A.要不要打倒列国 B.要不要实行共和

C.要不要以革命手段推翻清政府 D.要不要废科学,兴学堂

50.1911 年夏,湖北、湖南、广东和四川爆发的民众斗争运动是 【 】

A.拒俄运动 B.拒法运动

C.保路运动 D.立宪运动

51.中国历史上第一次比较完全意义上的资产阶级民主革命是 【 】

A.戊戌维新运动 B.辛亥革命

C. 护国运动　　　　　　　　　　　　D. 国民革命

52. 辛亥革命的性质是 【　　】

A. 无产阶级社会主义革命　　　　　　B. 旧式的资产阶级民主主义革命

C. 新式的资产阶级民主主义革命　　　D. 资产阶级维新运动

53. 1915 年 9 月在上海创办《青年》杂志的是 【　　】

A. 胡适　　　　　　　　　　　　　　B. 鲁迅

C. 陈独秀　　　　　　　　　　　　　D. 李大钊

54. 中国新民主主义革命开端的标志是 【　　】

A. 护法运动　　　　　　　　　　　　B. 新文化运动

C. 五四运动　　　　　　　　　　　　D. 五卅运动

55. 新文化运动的基本口号是 【　　】

A. 科学、进步　　　　　　　　　　　B. 独立、富强

C. 民主、科学　　　　　　　　　　　D. 自由、民主

56. 引发五四运动的直接导火线是 【　　】

A. 袁世凯复辟帝制　　　　　　　　　B. 中共"三大"的召开

C. 五卅惨案　　　　　　　　　　　　D. 巴黎和会上中国外交的失败

57. 第一次国共合作正式形成的标志是 【　　】

A. 中共杭州西湖会议的召开　　　　　B. 中共"三大"的召开

C. 中国国民党"一大"的召开　　　　　D. 中国国民党"二大"的召开

58. 1930 年 6 月至 1930 年 9 月，中国共产党内出现的主要错误倾向是 【　　】

A. "左"倾盲动主义　　　　　　　　　B. "左"倾教条主义

C. "左"倾冒险主义　　　　　　　　　D. "右"倾机会主义

59. 把毛泽东排除在中央根据地红军领导地位之外的会议是 【　　】

A. 中共六大　　　　　　　　　　　　B. 中共六届三中全会

C. 中央苏区党组织第一次代表大会　　D. 中共六届四中全会

60. 1936 年 7 月，中国工农红军第二、六军团与红四方面军会师于 【　　】

A. 陕北保安地区　　　　　　　　　　B. 西康甘孜地区

C. 陕北瓦窑堡地区　　　　　　　　　D. 甘肃会宁、静宁地区

61. 受俄国十月革命影响，在中国率先举起马克思主义旗帜的是 【　　】

A. 陈独秀　　　　　　　　　　　　　B. 陈望道

C. 毛泽东　　　　　　　　　　　　　D. 李大钊

62. 1920 年 3 月，在北京大学成立的学习和宣传马克思主义的社团是 【　　】

A. 新民学会　　　　　　　　　　　　B. 觉悟社

C. 马克思学说研究会　　　　　　　　D. 互助社

63. 1920 年 8 月，陈独秀领导建立的中国共产党早期组织是 【　　】

A. 上海共产主义小组　　　　　　　　B. 北京共产主义小组

C. 武汉共产主义小组　　　　　　　　D. 广州共产主义小组

64. 中国共产党领导的工人运动第一个高潮的起点是 【　　】

A. 香港海员罢工　　　　　　　　　　B. 安源路矿工人罢工

C. 京汉铁路工人罢工   D. 省港工人罢工

65. 新文化运动兴起的标志是 【 】

A. 梁启超在上海主办《时务报》   B. 严复在天津主办《国闻报》

C. 陈独秀在上海创办《青年杂志》   D. 周恩来在天津创办《觉悟》杂志

66. 1928 年 12 月，在东北宣布"改易旗帜"、归顺南京国民政府的是 【 】

A. 张作霖   B. 冯国璋

C. 冯玉祥   D. 张学良

67. 1930 年 8 月，邓演达领导成立的中间党派是 【 】

A. 中国国民党临时行动委员会   B. 乡村建设派

C. 中国青年党   D. 中华职业教育社

68. 中国共产党独立领导革命战争、创建人民军队的开端是 【 】

A. 南昌起义   B. 秋收起义

C. 广州起义   D. 百色起义

69. 1930 年 1 月，毛泽东明确提出"以乡村为中心"思想的重要著作是 【 】

A.《中国的红色政权为什么能够存在?》 B.《井冈山的斗争》

C.《星星之火，可以燎原》   D.《反对本本主义》

70.《共产党宣言》第一个中文全译本的译者是 【 】

A. 李大钊   B. 陈独秀

C. 毛泽东   D. 陈望道

71. 1920 年，陈独秀等人建立的中国共产党早期组织是 【 】

A. 上海共产主义小组   B. 北京共产主义小组

C. 武汉共产主义小组   D. 广州共产主义小组

72. 中国共产党第一次明确提出反帝反封建民主革命纲领的会议是 【 】

A. 中共一大   B. 中共二大

C. 中共三大   D. 中共四大

73. 第一次国共合作的政治基础是 【 】

A. 三民主义   B. 新民主主义

C. 新三民主义   D. 社会主义

74. 国民党四大家族官僚资本的性质是 【 】

A. 私人垄断资本主义   B. 封建的买办的国家垄断资本主义

C. 私人资本主义   D. 国家资本主义

75. 1927 年，中共八七会议确定的总方针是 【 】

A. 推翻北洋军阀黑暗统治   B. 开辟农村革命根据地

C. 开展土地革命和武装斗争   D. 建立工农民主统一战线

76. 中国近代史上第一次彻底反帝反封建的革命运动是 【 】

A. 辛亥革命   B. 五四运动

C. 五卅运动   D. 国民革命

77. 1921 年 9 月，中国共产党领导成立的第一个农民协会是在 【 】

A. 浙江省萧山县   B. 广东省海丰县

C. 湖南省湘潭县　　　　　　　　　　D. 福建省上杭县

78. 下列运动中不是以学生为主力的是　　　　　　　　　　【　　】

A. 一二·一运动　　　　　　　　　　B. 一二·三〇运动

C. 反饥饿、反内战、挽救教育大游行　　D. 二二八起义

79. 为了控制人民，禁止革命活动，国民党大力推行　　　　　【　　】

A. 民团制度　　　　　　　　　　　　B. 特务制度

C. 保甲制度　　　　　　　　　　　　D. 文化专制主义

80. 1930 年 5 月，毛泽东撰写的关于坚持辩证唯物主义思想路线的著作是　【　　】

A.《中国的红色政权为什么能够存在?》　B.《井冈山的斗争》

C.《星星之火，可以燎原》　　　　　　D.《反对本本主义》

81. 1930 年到 1931 年，在红一方面军三次反"围剿"斗争胜利的基础上形成了　【　　】

A. 鄂豫皖革命根据地　　　　　　　　B. 左右江革命根据地

C. 湘鄂西革命根据地　　　　　　　　D. 中央革命根据地

82. 1919 年，李大钊发表的系统介绍马克思学说的文章是　　　　【　　】

A.《法俄革命之比较观》　　　　　　　B.《Bolshevism 的胜利》

C.《我的马克思主义观》　　　　　　　D.《科学的社会主义》

83. 1920 年 11 月，中国共产党早期组织领导建立的第一个产业工会是　【　　】

A. 安源路矿工人俱乐部　　　　　　　B. 上海机器工会

C. 北京长辛店工人俱乐部　　　　　　D. 京汉铁路总工会

84. 1927 年，汪精卫在武汉制造的屠杀共产党员和革命群众的事变是　【　　】

A. 中山舰事件　　　　　　　　　　　B. 马日事变

C. 四一二政变　　　　　　　　　　　D. 七一五政变

85. 中国共产党领导的中国工人运动第一次高潮的起点是　　　　【　　】

A. 香港海员罢工　　　　　　　　　　B. 安源路矿工人罢工

C. 京汉铁路工人罢工　　　　　　　　D. 省港工人罢工

86. 1927 年，蒋介石在上海制造了捕杀共产党员和革命群众的　　　【　　】

A. 中山舰事件　　　　　　　　　　　B. 整理党务案

C. 四一二政变　　　　　　　　　　　D. 七一五政变

87. 1931 年 11 月，当选为中华苏维埃共和国临时中央政府主席的是　【　　】

A. 毛泽东　　　　　　　　　　　　　B. 周恩来

C. 项英　　　　　　　　　　　　　　D. 王稼祥

88. 1928 年 12 月，毛泽东主持制定中国共产党历史上第一个土地法是在　【　　】

A. 古田　　　　　　　　　　　　　　B. 永新

C. 井冈山　　　　　　　　　　　　　D. 瑞金

89. 1930 年成立的中国国民党临时行动委员会(又称第三党)，其主要领导人是　【　　】

A. 梁漱溟　　　　　　　　　　　　　B. 黄炎培

C. 张君劢　　　　　　　　　　　　　D. 邓演达

90. 1927 年国民党南京政权建立后，官僚资本的垄断活动首先和主要是　【　　】

A. 从重工业方面开始的　　　　　　　B. 从金融业方面开始的

C. 从商业方面开始的 　　　　　　　　D. 从农业方面开始的

91. 1936 年 10 月，中国工农红军第一、二、四方面军胜利会师于　　　　【　　】

    A. 陕北保安地区 　　　　　　　　　　B. 陕北洛川地区

    C. 陕北瓦窑堡地区 　　　　　　　　　D. 甘肃会宁、静宁地区

92. 遵义会议后，中共中央政治局成立了新的三人团负责红军的军事行动，其成员是【　　】

    A. 毛泽东、朱德、周恩来 　　　　　　B. 毛泽东、朱德、王稼祥

    C. 毛泽东、周恩来、王稼祥 　　　　　D. 毛泽东、张闻天、周恩来

93. 1931 ~ 1934 年，中国共产党内出现的主要错误倾向是　　　　　　　【　　】

    A. "左"倾盲动主义 　　　　　　　　　B. "左"倾教条主义

    C. 右倾保守主义 　　　　　　　　　　D. 右倾机会主义

94. 1935 年 1 月，中共中央召开的具有历史转折意义的会议是　　　　　【　　】

    A. 八七会议 　　　　　　　　　　　　B. 古田会议

    C. 遵义会议 　　　　　　　　　　　　D. 洛川会议

95. 1935 年 10 月，中央红军同红十五军团胜利会师于　　　　　　　　【　　】

    A. 四川懋功地区 　　　　　　　　　　B. 西康甘孜地区

    C. 甘肃会宁、静宁地区 　　　　　　　D. 陕北吴起镇

96. 1931 年，日本帝国主义制造的侵占中国东北的事变是　　　　　　　【　　】

    A. 九一八事变 　　　　　　　　　　　B. 一·二八事变

    C. 七七事变 　　　　　　　　　　　　D. 八一三事变

97. 1932 年，日本侵略者在中国策划建立的傀儡政权是　　　　　　　　【　　】

    A. 伪"华北自治政府" 　　　　　　　　B. 伪"满洲国"

    C. 伪"中华民国维新政府" 　　　　　　D. 伪"中华民国国民政府"

98. 1933 年 5 月，在张家口领导成立察哈尔民众抗日同盟军的国民党爱国将领是【　　】

    A. 蔡廷锴 　　　　　　　　　　　　　B. 蒋光鼐

    C. 李济深 　　　　　　　　　　　　　D. 冯玉祥

99. 1935 年 12 月，中共中央召开的确定抗日民族统一战线政策的会议是　【　　】

    A. 瓦窑堡会议 　　　　　　　　　　　B. 洛川会议

    C. 中共六届六中全会 　　　　　　　　D. 中共六届七中全会

100. 标志着国民党由片面抗战逐步转为消极抗战的会议是　　　　　　　【　　】

    A. 国民党五全大会 　　　　　　　　　B. 国民党五届五中全会

    C. 国民党六届二中全会 　　　　　　　D. 国民党六全大会

101. 1935 年，北平学生发起的抗日救亡运动是　　　　　　　　　　　【　　】

    A. 五卅运动 　　　　　　　　　　　　B. 一二·九运动

    C. "五二〇"运动 　　　　　　　　　　D. 一二·三〇运动

102. 1933 年 5 月，国民党西北军将领冯玉祥领导成立的抗日武装力量是　【　　】

    A. 察哈尔抗日同盟军 　　　　　　　　B. 晋中回民支队

    C. 东北抗日联军 　　　　　　　　　　D. 东北抗日义勇军

103. 1940 年，在枣宜会战中以身殉国的国民党爱国将领是　　　　　　　【　　】

    A. 佟麟阁 　　　　　　　　　　　　　B. 赵登禹

C. 谢晋元　　　　　　　　　　　　D. 张自忠

104. 1941 年 3 月，在大后方抗日民主运动中诞生的民主党派是　　　　　　【　　】
A. 中国民主政团同盟　　　　　　　B. 中国民主建国会
C. 中国民主促进会　　　　　　　　D. 台湾民主自治同盟

105. 1945 年 4 月，包括中国解放区代表董必武在内的中国代表团出席了　　　【　　】
A.《联合国家宣言》签署会议　　　　B. 德黑兰会议
C. 雅尔塔会议　　　　　　　　　　D. 联合国制宪会议

106. 1937 年卢沟桥事变到 1938 年 10 月广州、武汉失守，中国抗日战争处于　【　　】
A. 战略防御阶段　　　　　　　　　B. 战略相持阶段
C. 战略反攻阶段　　　　　　　　　D. 战略决战阶段

107. 1938 年 3 月，国民党军队在抗日战争正面战场取得胜利的战役是　　　　【　　】
A. 台儿庄战役　　　　　　　　　　B. 桂南战役
C. 枣宜战役　　　　　　　　　　　D. 中条山战役

108. 毛泽东在《论持久战》中指出，中国抗日战争取得胜利最关键的阶段是　　【　　】
A. 战略防御阶段　　　　　　　　　B. 战略相持阶段
C. 战略反攻阶段　　　　　　　　　D. 战略决战阶段

109. 抗日战争时期，中国共产党开展延安整风运动最主要的任务是　　　　　　【　　】
A. 反对主观主义以整顿学风　　　　B. 反对宗派主义以整顿党风
C. 反对官僚主义以整顿作风　　　　D. 反对党八股以整顿文风

110. 1941 年，陕甘宁边区参议会副议长李鼎铭提出提案，建议根据地　　　　【　　】
A. 在政权机关工作人员的名额分配上实行"三三制"原则
B. 实行精兵简政
C. 成立民主联合政府
D. 开展大生产运动

111. 1938 年 10 月，广州、武汉失守后，中国抗日战争进入　　　　　　　　【　　】
A. 战略防御阶段　　　　　　　　　B. 战略相持阶段
C. 战略反攻阶段　　　　　　　　　D. 战略决战阶段

112. 1942 年，在缅甸北部对日作战中以身殉职的中国远征军将领是　　　　　【　　】
A. 佟麟阁　　　　　　　　　　　　B. 谢晋元
C. 戴安澜　　　　　　　　　　　　D. 张自忠

113. 1938 年，中国共产党制定《抗日救国十大纲领》的重要会议是　　　　　【　　】
A. 瓦窑堡会议　　　　　　　　　　B. 洛川会议
C. 中共六届六中会议　　　　　　　D. 中共六届七中会议

114. 1940 年 8 月 ~ 1940 年 12 月，八路军发动的大规模进攻华北日军的战役是【　　】
A. 平型关战役　　　　　　　　　　B. 忻口战役
C. 黄桥战役　　　　　　　　　　　D. 百团大战

115. 抗日战争进入相持阶段后，日本帝国主义对国民党政府的政策转变为　　　【　　】
A. 以军事打击为主，政治诱降为辅　B. 以政治诱降为主，军事打击为辅
C. 军事打击和政治诱降并重　　　　D. 速战速决，武力征服

116. 抗日战争全面爆发后，中国军队取得第一次重大胜利的战役是 【 　】

A. 平型关战役 　　　　　　　　　 B. 雁门关战役

C. 阳明堡战役 　　　　　　　　　 D. 台儿庄战

117. 第二次世界大战之后所形成的世界政治格局是 【 　】

A. 以欧洲大国均势为中心的政治格局 　　 B. 美苏两极政治格局

C. 美国为主的单极格局 　　　　　　　 D. 呈多极化的政治格局

118. 1945 年 8 月，中共中央在《对目前时局的宣言》中提出的口号是 【 　】

A. 和平、民主、团结 　　　　　　　 B. 打倒蒋介石，解放全中国

C. 将革命进行到底 　　　　　　　　 D. 打过长江去，解放全中国

119. 1944 年 9 月，在国民参政会上提出废除国民党一党专政、召开各党派会议、成立民
主联合政府主张的中共参政员是 【 　】

A. 周恩来 　　　　　　　　　　　 B. 彭德怀

C. 毛泽东 　　　　　　　　　　　 D. 林伯渠

120. 1945 年 10 月，国共双方通过重庆谈判签署 【 　】

A.《政府与中共代表会谈纪要》 　　　 B.《国共合作协定》

C.《国内和平协定》 　　　　　　　 D.《国共停战协定》

121. 吹响了国统区爱国学生运动的第一声号角并在全国范围内产生了重大影响的是【 　】

A. 一二·一运动 　　　　　　　　 B. 一二·九运动

C.“五二〇”运动 　　　　　　　　 D. 抗暴运动

122. 中国人民解放军在 1948 年 9 月 12 日发起的重大战役是 【 　】

A. 平津战役 　　　　　　　　　　 B. 淮海战役

C. 辽沈战役 　　　　　　　　　　 D. 渡江战役

123. 1946 年 6 月，国民党军队挑起全面内战的起点是 【 　】

A. 大举围攻中原解放区 　　　　　　 B. 大举围攻东北解放区

C. 重点进攻陕甘宁边区 　　　　　　 D. 重点进攻山东解放区

124. 1947 年，中国共产党在全国土地会议上制定的重要文件是 【 　】

A.《井冈山土地法》 　　　　　　　 B.《兴国土地法 》

C.《关于清算、减租及土地问题的指示》 　 D.《中国土地法大纲》

125. 1946 年，北平学生举行的抗议驻华美军暴行的运动是 【 　】

A. 一二·九运动 　　　　　　　　 B. 一二·一运动

C. 一二·三〇运动 　　　　　　　 D.“五二〇”运动

126. 1947 年，在国统区爆发的大规模爱国学生运动是 【 　】

A. 一二·九运动 　　　　　　　　 B. 一二·一运动

C. 抗暴运动 　　　　　　　　　　 D.“反饥饿、反内战、反迫害”运动

127. 1948 年 4 月，毛泽东完整地提出新民主主义革命总路线的文章是 【 　】

A.《新民主主义论》 　　　　　　　 B.《目前形势和我们的任务》

C.《在晋绥干部会议上的讲话》 　　　 D.《论人民民主专政》

128. 1946 年 2 月，国民党特务在重庆制造的破坏“庆祝政协成功大会”的事件是 【 　】

A. 五卅惨案 　　　　　　　　　　 B. 机场口惨案

C. 下关惨案　　　　　　　　　　　　D. 确山惨案

129. 1947 年，被国民党当局宣布为"非法团体"而被迫解散的中国国民党派是　　【　　】

A. 中国民主同盟　　　　　　　　　　B. 九三学社

C. 中国农工民主党　　　　　　　　　D. 台湾民主自治同盟

130. 1947 年 10 月 10 日，《中国人民解放军总部宣言》正式提出的口号是　　【　　】

A. 和平、民主、团结　　　　　　　　B. 向北发展，向南防御

C. 打倒蒋介石，解放全中国　　　　　D. 将革命进行到底

131. 1948 年 1 月，在香港正式成立的中国民主党派是　　　　　　　　　　　【　　】

A. 中国民主同盟　　　　　　　　　　B. 中国农工民主党

C. 中国民主促进会　　　　　　　　　D. 中国国民党革命委员会

132. 1947 年，在国民党统治区爆发的大规模爱国学生运动是　　　　　　　　【　　】

A. 一二·九运动　　　　　　　　　　B. 一二·一运动

C. 一二·三〇运动　　　　　　　　　D. "五二〇"运动

133. 1945 年 8 月至 10 月，国共双方就和平建国问题举行的谈判是　　　　　【　　】

A. 西安谈判　　　　　　　　　　　　B. 重庆谈判

C. 南京谈判　　　　　　　　　　　　D. 北平谈判

134. 1948 年 4 月，毛泽东系统阐明中国共产党土地改革总路线的著作是　　　【　　】

A. 《新民主主义论》　　　　　　　　B. 《目前形势和我们的任务》

C. 《在晋绥干部会议上的讲话》　　　D. 《将革命进行到底》

135. 进入新民主主义社会后，我国在经济上处于领导地位的是　　　　　　　【　　】

A. 私人资本主义经济　　　　　　　　B. 国家资本主义经济

C. 合作社经济　　　　　　　　　　　D. 国营经济

136. 中国共产党在过渡时期总路线的主体是逐步实现　　　　　　　　　　　【　　】

A. 国家对个体农业的社会主义改造

B. 国家对个体手工业的社会主义改造

C. 国家对资本主义工商业的社会主义改造

D. 国家的社会主义工业化

137. 中国共产党在过渡时期总路线被概括为"一化三改"，其中"一化"是指　【　　】

A. 农业合作化　　　　　　　　　　　B. 农业机械化

C. 社会主义工业化　　　　　　　　　D. 社会主义现代化

138. 新中国第一次正式提出实现"四个现代化"奋斗目标的会议是　　　　　【　　】

A. 第一届全国人民代表大会　　　　　B. 第二届全国人民代表大会

C. 第三届全国人民代表大会　　　　　D. 第四届全国人民代表大会

139. "文化大革命"结束的标志是　　　　　　　　　　　　　　　　　　　【　　】

A. "一月风暴"的兴起　　　　　　　B. 林彪反革命集团的覆灭

C. "天安门事件"的爆发　　　　　　D. 江青反革命集团的垮台

140. 1964 年，新中国在科技领域取得的重大成果是　　　　　　　　　　　【　　】

A. 第一颗原子弹试验成功　　　　　　B. 第一颗氢弹试验成功

C. 第一颗人造地球卫星发射成功　　　D. 第一颗月球探测卫星发射成功

141.中华人民共和国恢复在联合国合法席位的时间是 【　】
A.1949 年　　　　　　　　　　B.1956 年
C.1971 年　　　　　　　　　　D.1972 年

142.新中国成立初期,指导新解放区农村土地改革运动的文件是 【　】
A.《中国土地法大纲》　　　　　B.《中国人民政治协商会议共同纲领》
C.《中华人民共和国土地改革法》 D.《中华人民共和国宪法》

143.1950 年 2 月,中国政府与苏联政府签订 【　】
A.《中苏友好条约》　　　　　　B.《中苏友好同盟互助条约》
C.《中苏友好同盟条约》　　　　D.《中苏互不侵犯条约》

144.我国对资本主义工商业进行社会主义改造所采取的主要形式是 【　】
A.和平赎买　　　　　　　　　　B.国家资本主义
C.互助合作　　　　　　　　　　D.股份制

145.社会主义时期我国政治生活的主题是 【　】
A.解决敌我矛盾　　　　　　　　B.解决资产阶级和无产阶级之间的矛盾
C.正确处理人民内部矛盾　　　　D.发展社会主义民主

146.中共八大提出的建设方针是 【　】
A.多快好省
B.调整、巩固、充实、提高
C.可持续发展
D.坚持既反保守又反冒进即在综合平衡中稳步前进

147.中共中央正式提出党在过渡时期总路线的时间是 【　】
A.1949 年　　　　　　　　　　B.1950 年
C.1953 年　　　　　　　　　　D.1956 年

148.新中国发展国民经济第一个五年计划的中心环节是 【　】
A.优先发展重工业　　　　　　　B.优先发展沿海工业
C.优先发展轻工业　　　　　　　D.优先发展内地工业

149.中国进入社会主义社会的主要标志是 【　】
A.中华人民共和国的成立　　　　B.过渡时期总路线的提出
C.第一届全国人民代表大会的召开 D.社会主义三大改造的完成

150.1950 年,毛泽东在中共七届三中全会上提出要用三年左右的时间争取 【　】
A.全国大陆的完全解放　　　　　B.土地改革的彻底完成
C.国家财政经济状况的根本好转　D.抗美援朝战争的最后胜利

151.1951 年底到 1952 年春,中国共产党在党政机构工作人员中开展的运动是 【　】
A.肃反运动　　　　　　　　　　B.整风、整党运动
C.“三反”运动　　　　　　　　D.“五反”运动

152.新中国成立后,社会主义国营经济建立的主要途径是 【　】
A.没收官僚资本　　　　　　　　B.没收帝国主义在华企业
C.没收民族资本　　　　　　　　D.没收地主阶级的土地和财产

153.中国共产党在过渡时期总路线的主体是 【　】

A. 对个体农业的社会主义改造　　　　B. 对个体手工业的社会主义改造

C. 对资本主义工商业的社会主义改造　　D. 国家的社会主义工业化

154. 毛泽东《论十大关系》报告所围绕的基本方针是　　　　　　　　　　【　　】

A. 独立自主，艰苦创业　　　　　　　B. 调动一切积极因素，为社会主义事业服务

C. 自力更生为主，争取外援为辅　　　D. 走中国特色社会主义道路

155. 1967 年，老一辈革命家对中央文革小组错误做法的抗争被诬称为　　　【　　】

A. "一月风暴"　　　　　　　　　　　B. "反攻倒算"

C. "右倾翻案"　　　　　　　　　　　D. "二月逆流"

156. 中华人民共和国的成立标志着中国进入了　　　　　　　　　　　　　　【　　】

A. 社会主义社会　　　　　　　　　　B. 新民主主义社会

C. 社会主义初级阶段　　　　　　　　D. 社会主义高级阶段

157. 在抗美援朝战争中担任中国人民志愿军司令员兼政治委员的是　　　　　【　　】

A. 朱德　　　　　　　　　　　　　　B. 陈毅

C. 彭德怀　　　　　　　　　　　　　D. 刘伯承

158. 新中国开始实施发展国民经济第一个五年计划的时间是　　　　　　　　【　　】

A. 1950 年　　　　　　　　　　　　B. 1951 年

C. 1952 年　　　　　　　　　　　　D. 1953 年

159. 我国农业社会主义改造中，具有完全社会主义性质的经济组织形式是　　【　　】

A. 互助组　　　　　　　　　　　　　B. 变工队

C. 初级农业生产合作社　　　　　　　D. 高级农业生产合作社

160. 我国对资本主义工商业进行社会主义改造的高级形式是　　　　　　　　【　　】

A. 加工订货　　　　　　　　　　　　B. 统购包销

C. 公私合营　　　　　　　　　　　　D. 经销代销

161. 我国对资本主义工商业进行社会主义改造的基本政策是　　　　　　　　【　　】

A. 和平赎买　　　　　　　　　　　　B. 无偿没收

C. 有偿征用　　　　　　　　　　　　D. 自愿互利

162. 中共八大上，在经济建设方面提出"三个主体，三个补充"思想的领导人是【　　】

A. 毛泽东　　　　　　　　　　　　　B. 周恩来

C. 陈云　　　　　　　　　　　　　　D. 邓小平

163. 1961 年初，中共中央决定对国民经济实行"调整、巩固、充实、提高"方针的会议是

　　　　　　　　　　　　　　　　　　　　　　　　　　　　　　　　　　【　　】

A. 中共八届五中全会　　　　　　　　B. 中共八届六中全会

C. 中共八届九中全会　　　　　　　　D. 中共八届十中全会

164. 1962 年初，中共中央为统一思想、总结经验教训和明确工作方向召开了　【　　】

A. 庐山会议　　　　　　　　　　　　B. "七千人大会"

C. 南宁会议　　　　　　　　　　　　D. 武昌会议

165. 1984 年，中共十二届三中全会通过的重要文件是　　　　　　　　　　　【　　】

A.《关于加快农业发展若干问题的决定》　B.《关于经济体制改革的决定》

C.《关于科技体制改革的决定》　　　　D.《关于教育体制改革的决定》

166.1990 年，邓小平提出的关于中国农业改革与发展的思想是 【　　】

A.“三个主体，三个补充”　　　　　　B.“三步走”

C.“两个飞跃”　　　　　　　　　　　D.“两个大局”

167.中国共产党将邓小平理论同马克思列宁主义、毛泽东思想一道确立为党的指导思想的会议是 【　　】

A.中共十四大　　　　　　　　　　　B.中共十五大

C.中共十六大　　　　　　　　　　　D.中共十七大

168.1999 年 12 月 20 日，中国在推进祖国统一大业方面迈出的重要一步是 【　　】

A.海峡两岸达成“九二共识”　　　　　B.海峡双边举行“汪辜会谈”

C.恢复对香港行使主权　　　　　　　D.恢复对澳门行使主权

169.1978 年 12 月，中国共产党召开的具有深远历史转折意义的会议是 【　　】

A.中共十一届三中全会　　　　　　　B.中共十一届六中全会

C.中共十二届三中全会　　　　　　　D.中共十二届六中全会

170.1979 年元旦，全国人大常委会发表的重要文献是 【　　】

A.《一个国家，两种制度》　　　　　　B.《告台湾同胞书》

C.《实现两岸和平统一的九项方针》　　D.《反国家分裂法》

171.1987 年，中共十三大比较系统地阐述的理论是 【　　】

A.社会主义初级阶段理论　　　　　　B.社会主义市场经济理论

C.社会主义本质理论　　　　　　　　D.“三个有利于”标准理论

172.1988 年，中共中央和国务院决定建立的经济特区是 【　　】

A.深圳经济特区　　　　　　　　　　B.海南经济特区

C.厦门经济特区　　　　　　　　　　D.珠海经济特区

173.1978 年，中国共产党重新确立实事求是思想路线的会议是 【　　】

A.中共十一届三中全会　　　　　　　B.中共十一届六中全会

C.中共十二届三中全会　　　　　　　D.中共十二届六中全会

174.1990 年，中共中央和国务院为进一步对外开放而作出的战略举措是 【　　】

A.建立厦门经济特区　　　　　　　　B.建立珠海经济特区

C.开发、开放海南经济特区　　　　　D.开发、开放上海浦东新区

175.中共十四大明确提出，我国经济体制改革的目标是建立 【　　】

A.社会主义有计划商品经济体制　　　B.社会主义市场经济体制

C.计划为主、市场为辅的经济体制　　D.市场为主、计划为辅的经济体制

176.中共十七大报告指出，我国社会主义现代化建设新时期最鲜明的特点是 【　　】

A.与时俱进　　　　　　　　　　　　B.改革开放

C.快速发展　　　　　　　　　　　　D.以人为本

177.1979 年 3 月，邓小平在理论工作务虚会上首次明确提出 【　　】

A.必须坚持“四项基本原则”　　　　　B.必须坚持以经济建设为中心

C.必须坚持“两个凡是”　　　　　　　D.必须坚持“以阶级斗争为纲”

178.1980 年 2 月，中共十一届五中全会决定 【　　】

A.为彭德怀彻底平反　　　　　　　　B.为“天安门事件”彻底平反

C.为刘少奇彻底平反　　　　　　　　　　　　D.为陈毅彻底平反

179.对党的若干重大的历史问题作出结论，使全党尤其是党的高级干部对中国民主革命的基本问题的认识达到在马克思列宁主义基础上的一致的文献是　　　　　　　　【　　】

A.《改造我们的学习》　　　　　　　　　　　B.《中国革命和中国共产党》

C.《新民主主义论》　　　　　　　　　　　　D.《关于若干历史问题的决议》

180.中国共产党领导的民主政权实行"三三制"原则是在　　　　　　　　　　　　【　　】

A.解放战争时期　　　　　　　　　　　　　　B.抗日战争时期

C.土地改革时期　　　　　　　　　　　　　　D.大革命时期

181."三反"主要针对的对象是　　　　　　　　　　　　　　　　　　　　　　　【　　】

A.资本家　　　　　　　　　　　　　　　　　B.党政机构工作人员

C.工商业经营者　　　　　　　　　　　　　　D.旧政权中留下来的工作人员

182.中共十二届三中全会通过的《关于经济体制改革的决定》指出，我国社会主义经济是

　　　　　　　　　　　　　　　　　　　　　　　　　　　　　　　　　　　【　　】

A.计划经济　　　　　　　　　　　　　　　　B.在公有制基础上的有计划的商品经济

C.自然经济　　　　　　　　　　　　　　　　D.社会主义市场经济

183.2004 年 9 月，中共十六届四中全会通过了　　　　　　　　　　　　　　【　　】

A.《中共中央关于构建社会主义和谐社会若干重大问题的决定》

B.《关于加强党的执政能力建设的决定》

C.《关于加强和改进党的作风建设的决定》

D.《关于农业和农村工作若干重大问题的决定》

184.中国收回香港的时间是　　　　　　　　　　　　　　　　　　　　　　　【　　】

A.1997 年 7 月 1 日　　　　　　　　　　　　B.1999 年 12 月 31 日

C.1999 年 1 月 1 日　　　　　　　　　　　　D.1999 年 12 月 20 日

185.中国正式加入世界贸易组织的时间是　　　　　　　　　　　　　　　　　【　　】

A.1999 年 12 月　　　　　　　　　　　　　　B.2000 年 12 月

C.2001 年 12 月　　　　　　　　　　　　　　D.2002 年 12 月

二、多项选择题(在每小题列出的四个备选项中至少有两个是符合题目要求的，请将其选出填在题后的括号内)

191.外国列强对近代中国进行政治控制的主要手段有　　　　　　　　　　　　【　　】

A.控制中国内政、操纵中国外交

B.享有领事裁判权、把持中国海关

C.勾结清政府，镇压中国人民的反抗斗争

D.扶植、收买代理人

192.近代以来，中华民族面临的两大历史任务是　　　　　　　　　　　　　　【　　】

A.反对帝国主义　　　　　　　　　　　　　　B.反对封建主义

C.求得民族独立和人民解放　　　　　　　　　D.实现国家繁荣富强和人民共同富裕

193.太平天国农民战争的历史意义是　　　　　　　　　　　　　　　　　　　【　　】

A.沉重打击了封建统治阶级，动摇了清政府统治的根基

B.有力打击了外国侵略势力，冲击了西方殖民主义在亚洲的统治

C. 批判了孔子及儒家经典，削弱了封建统治的精神支柱

D. 是中国旧式农民战争的最高峰

194. 资产阶级维新派的弱点和局限性主要表现为　　　　　　　　　　　　　　【　　】

A. 不敢否定封建主义　　　　　　　　　B. 对帝国主义抱有幻想

C. 主张"中体西用"　　　　　　　　　　D. 脱离人民群众

195. 资产阶级革命派陈天华为传播民主革命思想所撰写的著作有　　　　　　　　【　　】

A.《警世钟》　　　　　　　　　　　　　B.《革命军 》

C.《猛回头》　　　　　　　　　　　　　D.《驳康有为论革命书》

196. 20 世纪初，资产阶级革命派在各地成立的团体主要有　　　　　　　　　　【　　】

A. 兴中会　　　　　　　　　　　　　　B. 华兴会

C. 光复会　　　　　　　　　　　　　　D. 科学补习所

197. 新中国建立初期开展的"三反"运动的主要内容是　　　　　　　　　　　　【　　】

A. 反贪污　　　　　　　　　　　　　　B. 反主观主义

C. 反浪费　　　　　　　　　　　　　　D. 反官僚主义

198. 中国共产党在过渡时期总路线的主要内容是逐步实现　　　　　　　　　　　【　　】

A. 国家的社会主义工业化　　　　　　　B. 国家对农业的社会主义改造

C. 国家对手工业的社会主义改造　　　　D. 国家对资本主义工商业的社会主义改造

199. 中共十七大明确指出，高举中国特色社会主义伟大旗帜最根本的是要坚持　　【　　】

A. 解放思想　　　　　　　　　　　　　B. 中国特色社会主义道路

C. 与时俱进　　　　　　　　　　　　　D. 中国特色社会主义理论体系

200. 改革开放以来，我国形成的基层民主自治体系包括　　　　　　　　　　　　【　　】

A. 农村村民委员会　　　　　　　　　　B. 城市居民委员会

C. 学校学生会　　　　　　　　　　　　D. 企业职工代表大会

201. 19 世纪末，在帝国主义列强瓜分中国的狂潮中　　　　　　　　　　　　　【　　】

A. 德国将山东划入其势力范围　　　　　B. 法国将云南和广东、广西划入其势力范围

C. 英国将长江流域划入其势力范围　　　D. 日本将福建其势力范围

202. 在中日甲午战争中为国捐躯的爱国将领有　　　　　　　　　　　　　　　【　　】

A. 左宝贵　　　　　　　　　　　　　　B. 邓世昌

C. 关天培　　　　　　　　　　　　　　D. 史荣椿

203. 旧民主主义革命时期，中国反侵略战争失败的主要原因是　　　　　　　　　【　　】

A. 社会制度腐败　　　　　　　　　　　B. 军事指挥失误

C. 思想文化保守　　　　　　　　　　　D. 经济技术落后

204. 19 世纪末，康有为宣传变法维新主张的著作有　　　　　　　　　　　　　【　　】

A.《新学伪经考》　　　　　　　　　　　B.《孔子改制考》

C.《人类公理》　　　　　　　　　　　　D.《变法通义》

205. 19 世纪 90 年代，资产阶级维新派创办的学会主要有　　　　　　　　　　【　　】

A. 日知会　　　　　　　　　　　　　　B. 强学会

C. 南学会　　　　　　　　　　　　　　D. 保国会

206. 19 世纪 90 年代，资产阶级维新派与封建守旧派论战的主要问题是　　　　【　　】

A. 要不要变法　　　　　　　　　　　　B. 要不要实行君主立宪

C. 要不要实行民主共和　　　　　　　　D. 要不要废科举和兴学堂

207. 毛泽东在《在晋绥干部会议上的讲话》中提出的中国共产党土地改革总路线是　【　　】

A. 依靠贫农

B. 团结中农

C. 有步骤地、有分别地消灭封建剥削制度

D. 发展农业生产

208. 1948 年 9 月～1949 年 1 月，中国人民解放军进行战略决战的战役有　　　　【　　】

A. 辽沈战役　　　　　　　　　　　　　B. 淮海战役

C. 平津战役　　　　　　　　　　　　　D. 渡江战役

209. 1979 年 3 月，邓小平在理论工作务虚会上提出的实现四个现代化的根本前提是　【　　】

A. 坚持社会主义道路　　　　　　　　　B. 坚持人民民主专政

C. 坚持共产党的领导　　　　　　　　　D. 坚持马克思列宁主义

210. 1990 年 3 月，邓小平提出的中国社会主义农业改革和发展的"两个飞跃"是　　【　　】

A. 废除人民公社，实行家庭联产承包责任制

B. 建设社会主义新农村

C. 实施科教兴农战略

D. 发展集体经济

211. 1920 年 8 月成立的上海共产主义小组的主要成员有　　　　　　　　　　　　【　　】

A. 陈独秀　　　　　　　　　　　　　　B. 陈潭秋

C. 李汉俊　　　　　　　　　　　　　　D. 李达

212. 19 世纪 90 年代，康有为发表的宣传变法维新主张的著作有　　　　　　　　　【　　】

A.《新学伪经考》　　　　　　　　　　B.《孔子改制考》

C.《仁学》　　　　　　　　　　　　　D.《变法通义》

213. 1924 年 1 月，中国国民党第一次全国代表大会确立的三大政策是　　　　　　【　　】

A. 联俄　　　　　　　　　　　　　　　B. 平均地权

C. 联共　　　　　　　　　　　　　　　D. 扶助农工

214. 1926 年，蒋介石制造的旨在打击共产党和工农革命力量的事件是　　　　　　【　　】

A. 商团叛乱　　　　　　　　　　　　　B. 暗杀廖仲恺

C. 中山舰事件　　　　　　　　　　　　D. 整理党务案

215. 1949 年 9 月，中国人民政治协商会议通过的《共同纲领》的主要内容包括　　【　　】

A. 关于新中国的国体和政体　　　　　　B. 关于新中国的基本民族政策

C. 关于新中国的经济工作方针　　　　　D. 关于新中国的外交工作原则

216. 毛泽东在《论人民民主专政》一文中指出，构成人民民主专政主要联盟的阶级是【　　】

A. 工人阶级　　　　　　　　　　　　　B. 农民阶级

C. 城市小资产阶级　　　　　　　　　　D. 民族资产阶级

217. 新中国在发展国民经济第一个五年计划期间着重建设的三大钢铁基地是　　　【　　】

A. 鞍山　　　　　　　　　　　　　　　B. 包头

C. 上海　　　　　　　　　　　　　　　D. 武汉

218.我国对个体农业实行社会主义改造的过渡性经济组织形式包括　　　　【　　】

A. 互助组　　　　　　　　　　　　B. 初级农业生产合作社

C. 高级农业生产合作社　　　　　　D. 人民公社

219.1980 年 5 月,中共中央决定设立的经济特区有　　　　　　　　　　【　　】

A. 深圳经济特区　　　　　　　　　B. 珠海经济特区

C. 汕头经济特区　　　　　　　　　D. 厦门经济特区

220.20 世纪 90 年代后期,中国改革开放和现代化建设经受的风险考验包括　【　　】

A. 亚洲金融危机的爆发　　　　　　B. 历史上罕见洪涝灾害的发生

C. 北约袭击中国驻南斯拉夫使馆　　D. "法轮功"邪教组织非法聚众闹事

221.1853 年定都天京后,太平天国先后颁布的重要文件有　　　　　　　【　　】

A.《原道觉世训》　　　　　　　　　B.《十款天条》

C.《天朝田亩制度》　　　　　　　　D.《资政新篇》

222.从 19 世纪 60 年代到 90 年代,洋务派举办的洋务事业主要有　　　【　　】

A. 兴办近代工业　　　　　　　　　B. 建立新式海陆军

C. 推行预备立宪　　　　　　　　　D. 创办新式学堂和派遣留学生

223.遵义会议集中解决的当时具有决定意义的问题是　　　　　　　　　【　　】

A. 军事问题　　　　　　　　　　　B. 政治路线问题

C. 组织问题　　　　　　　　　　　D. 思想路线问题

224.中国工农红军长征胜利的历史意义是　　　　　　　　　　　　　　【　　】

A. 粉碎了国民党"围剿"红军、消灭革命力量的企图

B. 把革命大本营转移到西北,为迎接抗日救亡新高潮准备了条件

C. 保存并锤炼了中国革命的骨干力量

D. 播撒了革命火种,铸就了伟大的长征精神

225.中国新民主主义革命胜利的基本经验是　　　　　　　　　　　　　【　　】

A. 建立广泛的统一战线　　　　　　B. 坚持革命的武装斗争

C. 加强共产党的自身建设　　　　　D. 建立巩固的革命根据地

226.1956 年至 1957 年,中国共产党在探索社会主义建设道路中取得的理论成果有【　】

A.《中国人民政治协商会议共同纲领》　B.《论十大关系》

C. 中共八大制定的路线、方针和政策　　D.《关于正确处理人民内部矛盾的问题》

227.1956 年,中国共产党在整风运动中反对的错误倾向是　　　　　　　【　　】

A. 主观主义　　　　　　　　　　　B. 自由主义

C. 宗派主义　　　　　　　　　　　D. 官僚主义

228.周恩来在第三届全国人民代表大会第一次会议上宣布,我国社会主义建设要实现

　　　　　　　　　　　　　　　　　　　　　　　　　　　　　　　【　　】

A. 农业现代化　　　　　　　　　　B. 工业现代化

C. 国防现代化　　　　　　　　　　D. 科学技术现代化

229.1961 年,中共八届九中全会制定的关于国民经济的指导方针是　　　【　　】

A. 调整　　　　　　　　　　　　　B. 巩固

C. 充实　　　　　　　　　　　　　D. 提高

230. 在探索中国社会主义建设道路过程中，毛泽东提出的对待古今中外优秀文化的方针是 【 　 】

 A. 百花齐放   B. 古为今用

 C. 洋为中用   D. 推陈出新

231. 中国半殖民地半封建社会的主要矛盾是 【 　 】

 A. 地主阶级与农民阶级的矛盾   B. 资产阶级与工人阶级的矛盾

 C. 封建主义与人民大众的矛盾   D. 帝国主义与中华民族的矛盾

232. 甲午战争前西方列强迫使中国政府签订的不平等条约有 【 　 】

 A.《南京条约》   B.《中法新约》

 C.《辛丑条约》   D.《马关条约》

233.《资政新篇》的主要内容有 【 　 】

 A. 按人口平均分配土地   B. 设新闻官、设"暗柜"，用以监督官员

 C. 兴办学校、医院和福利事业   D. "准富者请人雇工"

234. 洋务派兴办民用企业的主要方式有 【 　 】

 A. 官督商办   B. 官商合办

 C. 商办   D. 官办

235. 清末新政的主要内容有 【 　 】

 A. 改革官制、整顿吏治   B. 改革兵制，训练新军

 C. 改革学制，提倡新学   D. 奖励工商，兴办实业

236. 在中国抗战的战略防御阶段，国民党组织的大战役有 【 　 】

 A. 武汉会战   B. 第三次长沙会战

 C. 淞沪会战   D. 桂南会战

237. 毛泽东在《目前形势和我们的任务》报告中确定的新民主主义革命经济纲领是 【 　 】

 A. 没收封建地主阶级土地归农民所有

 B. 没收官僚资本归新民主主义国家所有

 C. 保护民族工商业

 D. 没收外国垄断资本在华企业归新民主主义国家所有

238. 中共七届二中全会的主要内容有 【 　 】

 A. 阐明了人民民主专政理论

 B. 规定了全国胜利后中国共产党在政治、经济、外交方面应当采取的基本政策

 C. 指出了中国由农业国转变为工业国、由新民主主义社会转变为社会主义社会的发展方向

 D. 在中国共产党自身建设问题上，提出了"两个务必"的要求

239. 1956 至 1957 年上半年反映中国共产党人探索中国社会主义建设道路并取得积极进展的事件有 【 　 】

 A.《论十大关系》的发表

 B. 中共八大的召开

 C.《关于正确处理人民内部矛盾问题》的发表

 D. 毛泽东提出"双百"方针

240. 19 世纪 60 到 90 年代，洋务派举办的洋务事业主要包括 【 　 】

A. 派遣留学生 B. 兴办近代工业

C. 创办新式学堂 D. 建立新式海陆军

241. 洋务运动失败的原因是 【 】

A. 洋务运动具有封建性 B. 洋务运动对西方列强具有依赖性

C. 洋务企业管理具有腐朽性 D. 顽固势力多方阻挠

242. 下列刊物由维新派创办的是 【 】

A.《民报》 B.《时务报》

C.《国闻报》 D.《新青年》

243. 戊戌维新运动的意义体现为 【 】

A. 是一次爱国救亡运动 B. 是一场资产阶级性质的政治改革运动

C. 是一场思想启蒙运动 D. 在改革社会风气方面具有重要作用

244. 二十世纪二三十年代成立的中间党派的社会基础主要是 【 】

A. 农民阶级 B. 工人阶级

C. 民族资产阶级 D. 上层小资产阶级及其知识分子

245. 毛泽东提出的"工农武装割据"思想的基本内容是 【 】

A. 统一战线 B. 土地革命

C. 武装斗争 D. 农村根据地建设

246. 1957 年 2 月,毛泽东在最高国务会议上提出的社会主义社会两类不同性质矛盾是
 【 】

A. 敌我之间的矛盾 B. 生产力和生产关系之间的矛盾

C. 人民内部之间的矛盾 D. 经济基础和上层建筑之间的矛盾

247. 二十世纪六七十年代,新中国在尖端科技领域取得的重大成就有 【 】

A. 第一颗原子弹试验成功 B. 第一颗月球探测卫星发射成功

C. 第一颗氢弹试验成功 D. 第一颗人造地球卫星发射成功

248. 新文化运动的主要内容有 【 】

A. 提倡民主,反对专制 B. 提倡科学,反对迷信

C. 主张暴力革命 D. 主张文学革命

249. 五四时期,研究和宣传马克思主义的社团有 【 】

A. 马克思主义研究会 B. 马克思学说研究会

C. 新民学会 D. 觉悟社

250. 中国早期共产党组织出版的通俗工人读物有 【 】

A.《劳动界》 B.《劳动者》

C.《劳动音》 D.《劳动与妇女》

251. 在国民党统治时期,四大家族垄断的大银行有 【 】

A. 中央银行 B. 中国银行

C. 交通银行 D. 中国农民银行

252. 在半殖民地半封建的中国,红色政权存在和发展的客观条件是 【 】

A. 政治经济发展极端不平衡 B. 相当力量正式红军的存在

C. 国民革命的影响 D. 全国革命形势的继续向前发展

253.1928 至 1929 年间,毛泽东主持制定的土地革命文件有 【　　】

A.《井冈山土地法》

B.《兴国土地法》

C.《关于清算、减租及土地问题的指示》

D.《中国土地法大纲》

254.第一次鸦片战争后,清政府被迫分别与法国和美国签订的不平等条约是 【　　】

A.《南京条约》　　　　　　　　B.《黄埔条约》

C.《虎门条约》　　　　　　　　D.《望厦条约》

255. 资本—帝国主义列强对近代中国进行经济掠夺的主要手段有 【　　】

A. 控制中国通商口岸　　　　　　B. 剥夺中国关税自主权

C. 对华倾销商品和资本输出　　　D. 操纵中国经济命脉

三、简答题

256.洋务运动失败的主要原因是什么?

257.简述戊戌维新运动的意义。

258. 1905~1907 年资产阶级革命派和改良派论战的意义是什么？

259. 资产阶级革命派与改良派论战的主要问题是什么？

260. 孙中山三民主义学说的主要内容是什么？

261. 辛亥革命的历史局限性是什么？

262.辛亥革命失败后,以孙中山为首的资产阶级革命派为反对北洋军阀的统治,发动了哪些主要斗争?

263.简述辛亥革命的历史意义。

264.中国国民党一大对三民主义的新阐释是什么?

265.新文化运动的历史意义是什么?

266. 国民党政府是怎样实行一党专政的军事独裁统治的？

267. 简述中共二大制定的纲领的主要内容。

268. 中共八七会议的主要内容是什么？

269. 毛泽东领导的湘赣边界秋收起义的特点是什么？

270. 简述遵义会议的历史意义。

271. "三湾改编"的主要内容及意义是什么?

272. 一二·九运动的历史意义是什么?

273. 革命根据地采取了什么样的方式打破国民党的经济封锁?

274. 中国人民抗日战争胜利的主要原因是什么？

275. 简述中国抗日战争胜利的意义。

276. 抗日战争胜利后中国国内的三种建国方案。

277. 中国革命统一战线中的两个联盟及其关系是什么？

278.《中国人民政治协商会议共同纲领》中规定的新中国经济工作方针是什么？

279.1952 年我国开展的"五反"运动的内容是什么？

280.简述毛泽东在社会主义经济建设方面提出的主要思想。

281.简述中国共产党提出的过渡时期总路线。

282. 社会主义改造基本完成后,我国国内的主要矛盾和主要任务是什么?

283. 我国社会主义改造基本完成的意义是什么?

284. 试述中共八大提出的我国经济建设、政治建设和执政党建设的指导方针。

285. 简述中共八大的历史意义。

286. 简述陈云在中共八大发言中提出的"三个主体、三个补充"的思想。

287. 简述新中国成立后,国民经济迅速恢复的原因。

288. 简述《关于建国以来党的若干历史问题的决议》对毛泽东历史地位的评价。

289. 1992 年初,邓小平南方谈话的意义是什么?

290.改革开放以来,我国社会主义民主政治建设稳步推进的主要表现。

四、论述题

291.试述太平天国农民革命失败的原因和教训。

292.近代以来中华民族面临的两大历史任务及其相互关系是什么?

293. 试述中国半殖民地半封建社会的主要矛盾及其相互关系。

294. 试述北伐战争的战略方针及其胜利进军的原因。

295. 怎样认识近代中国半殖民地半封建社会的特点？

296. 如何理解新民主主义革命的胜利，社会主义基本制度的建立，为当代中国一切发展进步奠定了根本政治前提和制度基础？

297. 试述近代中国工人阶级的形式以及特点。

298. 在《论持久战》一文中，毛泽东是如何论述抗日战争是持久战，最后胜利属于中国的？

299. 试述抗日战争在世界反法西斯战争史上的历史地位。

300. 对资本主义工商业采取和平赎买政策的特点。

301. 试述我国农业合作化的基本原则和方针。

302. 为什么说中共十一届三中全会是新中国成立以来具有深远历史意义的伟大转折？

303. 试述中共十三大的历史贡献。

历年真题

第三部分

中国近现代史纲要

真题试卷(一)

(考试时间:150分钟)

题　号	一	二	三	四	总分
题　分	30	20	30	20	
得　分					

第Ⅰ部分　选择题(50分)

一、单项选择题(本大题共30小题,每小题1分,共30分)

在每小题列出的四个备选项中只有一个是符合题目要求的,请将其选出填在题后的括号内。错选、多选或未选均无分。

1.西方列强对中国的侵略,首先和主要是　　　　　　　　　　　　　　　【　　】

　A.政治控制　　　　　　　　　　　　B.军事侵略

　C.经济掠夺　　　　　　　　　　　　D.文化渗透

2.1839年组织编写《四洲志》,向中国介绍西方情况的是　　　　　　　　【　　】

　A.林则徐　　　　　　　　　　　　　B.魏源

　C.马建忠　　　　　　　　　　　　　D.郑观应

3.1860年洗劫和烧毁圆明园的是　　　　　　　　　　　　　　　　　　　【　　】

　A.日本侵略军　　　　　　　　　　　B.俄国侵略军

　C.英法联军　　　　　　　　　　　　D.八国联军

4.19世纪末,在帝国主义列强瓜分中国的狂潮中提出"门户开放"政策的是　【　　】

　A.俄国　　　　　　　　　　　　　　B.日本

　C.德国　　　　　　　　　　　　　　D.美国

5.中国半殖民地半封建社会最主要的矛盾是　　　　　　　　　　　　　　【　　】

　A.地主阶级与农民阶级的矛盾　　　　B.资产阶级与工人阶级的矛盾

　C.帝国主义与中华民族的矛盾　　　　D.封建主义与人民大众的矛盾

6.旧民主主义革命时期,中国反侵略斗争失败的根本原因是　　　　　　　【　　】

　A.经济技术落后　　　　　　　　　　B.社会制度腐败

　C.思想文化保守　　　　　　　　　　D.军事指挥失误

7.《共产党宣言》第一个中文全译本的译者是　　　　　　　　　　　　　【　　】

　A.李大钊　　　　　　　　　　　　　B.陈独秀

  C. 毛泽东   D. 陈望道

8. 1920 年，陈独秀等人建立的中国共产党早期组织是 【   】

  A. 上海共产主义小组   B. 北京共产主义小组

  C. 武汉共产主义小组   D. 广州共产主义小组

9. 中国共产党第一次明确提出反帝反封建民主革命纲领的会议是 【   】

  A. 中共一大   B. 中共二大

  C. 中共三大   D. 中共四大

10. 第一次国共合作的政治基础是 【   】

  A. 三民主义   B. 新民主主义

  C. 新三民主义   D. 社会主义

11. 1930 年成立的中国国民党临时行动委员会（又称第三党），其主要领导人是 【   】

  A. 梁漱溟   B. 黄炎培

  C. 张君劢   D. 邓演达

12. 1927 年国民党南京政权建立后，官僚资本的垄断活动首先和主要是 【   】

  A. 从重工业方面开始的   B. 从金融业方面开始的

  C. 从商业方面开始的   D. 从农业方面开始的

13. 1936 年 10 月，中国工农红军第一、二、四方面军胜利会师于 【   】

  A. 陕北保安地区   B. 陕北洛川地区

  C. 陕北瓦窑堡地区   D. 甘肃会宁、静宁地区

14. 遵义会议后，中共中央政治局成立了新的三人团负责红军的军事行动，其成员是 【   】

  A. 毛泽东、朱德、周恩来   B. 毛泽东、朱德、王稼祥

  C. 毛泽东、周恩来、王稼祥   D. 毛泽东、张闻天、周恩来

15. 1945 年 8 月，中共中央在《对目前时局的宣言》中提出的口号是

  A. 和平、民主、团结   B. 打倒蒋介石，解放全中国

  C. 将革命进行到底   D. 打过长江去，解放全中国

16. 1946 年 6 月，国民党军队挑起全面内战的起点是 【   】

  A. 大举围攻中原解放区   B. 大举围攻东北解放区

  C. 重点进攻陕甘宁边区   D. 重点进攻山东解放区

17. 1947 年，中国共产党在全国土地会议上制定的重要文件是 【   】

  A.《井冈山土地法》

  B.《兴国土地法》

  C.《关于清算、减租及土地问题的指示》

  D.《中国土地法大纲》

18. 1946 年，北平学生举行的抗议驻华美军暴行的运动是 【   】

  A. 一二·九运动   B. 一二·一运动

C. 一二·三〇运动　　　　　　　　　　D. "五二〇"运动

19. 中华人民共和国的成立标志着中国进入了　　　　　　　　　　　　　　　　【　　】

    A. 社会主义社会　　　　　　　　　　B. 新民主主义社会

    C. 社会主义初级阶段　　　　　　　　D. 社会主义高级阶段

20. 在抗美援朝战争中担任中国人民志愿军司令员兼政治委员的是　　　　　　　　【　　】

    A. 朱德　　　　　　　　　　　　　　B. 陈毅

    C. 彭德怀　　　　　　　　　　　　　D. 刘伯承

21. 新中国开始实施发展国民经济第一个五年计划的时间是　　　　　　　　　　　【　　】

    A. 1950 年　　　　　　　　　　　　B. 1951 年

    C. 1952 年　　　　　　　　　　　　D. 1953 年

22. 我国农业社会主义改造中,具有完全社会主义性质的经济组织形式是　　　　　【　　】

    A. 互助组　　　　　　　　　　　　　B. 变工队

    C. 初级农业生产合作社　　　　　　　D. 高级农业生产合作社

23. 我国对资本主义工商业进行社会主义改造的高级形式是　　　　　　　　　　　【　　】

    A. 加工订货　　　　　　　　　　　　B. 统购包销

    C. 公私合营　　　　　　　　　　　　D. 经销代销

24. 我国对资本主义工商业进行社会主义改造的基本政策是　　　　　　　　　　　【　　】

    A. 和平赎买　　　　　　　　　　　　B. 无偿没收

    C. 有偿征用　　　　　　　　　　　　D. 自愿互利

25. 1978 年 12 月,中国共产党召开的具有深远历史转折意义的会议是　　　　　　【　　】

    A. 中共十一届三中全会　　　　　　　B. 中共十一届六中全会

    C. 中共十二届三中全会　　　　　　　D. 中共十二届六中全会

26. 1979 年元旦,全国人大常委会发表的重要文献是　　　　　　　　　　　　　【　　】

    A.《一个国家,两种制度》　　　　　B.《告台湾同胞书》

    C.《实现两岸和平统一的九项方针》　D.《反国家分裂法》

27. 1987 年,中共十三大比较系统地阐述的理论是　　　　　　　　　　　　　　【　　】

    A. 社会主义初级阶段理论　　　　　　B. 社会主义市场经济理论

    C. 社会主义本质理论　　　　　　　　D. "三个有利于"标准理论

28. 1988 年,中共中央和国务院决定建立的经济特区是　　　　　　　　　　　　【　　】

    A. 深圳经济特区　　　　　　　　　　B. 海南经济特区

    C. 厦门经济特区　　　　　　　　　　D. 珠海经济特区

29. 1999 年 12 月 20 日,我国在推进祖国统一大业方面迈出的重要一步是　　　　【　　】

    A. 海峡两岸达成"九二共识"　　　　B. 海峡两岸举行"汪辜会谈"

    C. 恢复对香港行使主权　　　　　　　D. 恢复对澳门行使主权

30. 中国正式加入世界贸易组织的时间是　　　　　　　　　　　　　　　　　　【　　】

A.1999 年 12 月 　　　　　　　　B.2000 年 12 月

C.2001 年 12 月 　　　　　　　　D.2002 年 12 月

二、多项选择题(本大题共 10 小题,每小题 2 分,共 20 分)

在每小题列出的四个备选项中只有一个是符合题目要求的,请将其选出填在题后的括号内。错选、多选或未选均无分。

31.外国列强对近代中国进行政治控制的主要手段有　　　　　　　　【　　】

A.控制中国内政、操纵中国外交

B.享有领事裁判权、把持中国海关

C.勾结清政府,镇压中国人民的反抗斗争

D.扶植、收买代理人

32.近代以来,中华民族面临的两大历史任务是　　　　　　　　【　　】

A.反对帝国主义

B.反对封建主义

C.求得民族独立和人民解放

D.实现国家繁荣富强和人民共同富裕

33.太平天国农民战争的历史意义是　　　　　　　　【　　】

A.沉重打击了封建统治阶级,动摇了清政府统治的根基

B.有力打击了外国侵略势力,冲击了西方殖民主义在亚洲的统治

C.批判了孔子及儒家经典,削弱了封建统治的精神支柱

D.是中国旧式农民战争的最高峰

34.资产阶级维新派的弱点和局限性主要表现为　　　　　　　　【　　】

A.不敢否定封建主义 　　　　　　B.对帝国主义抱有幻想

C.主张"中体西用" 　　　　　　D.脱离人民群众

35.资产阶级革命派陈天华为传播民主革命思想所撰写的著作有　　　　　　　　【　　】

A.《警世钟》 　　　　　　B.《革命军》

C.《猛回头》 　　　　　　D.《驳康有为论革命书》

36.20 世纪初,资产阶级革命派在各地成立的团体主要有　　　　　　　　【　　】

A.兴中会 　　　　　　B.华兴会

C.光复会 　　　　　　D.科学补习所

37.新中国建立初期开展的"三反"运动的主要内容是　　　　　　　　【　　】

A.反贪污 　　　　　　B.反主观主义

C.反浪费 　　　　　　D.反官僚主义

38.中国共产党在过渡时期总路线的主要内容是逐步实现　　　　　　　　【　　】

A.国家的社会主义工业化

B.国家对农业的社会主义改造

C.国家对手工业的社会主义改造

D.国家对资本主义工商业的社会主义改造

39.中共十七大明确指出,高举中国特色社会主义伟大旗帜最根本的是要坚持　　　　【　　】

    A.解放思想　　　　　　　　　　　　B.中国特色社会主义道路

    C.与时俱进　　　　　　　　　　　　D.中国特色社会主义理论体系

40.改革开放以来,我国形成的基层民主自治体系包括　　　　　　　　　　　　　　【　　】

    A.农村村民委员会　　　　　　　　　B.城市居民委员会

    C.学校学生会　　　　　　　　　　　D.企业职工代表大会

第Ⅱ部分　非选择题(50分)

三、简答题(本大题共5小题,每小题6分,共30分。)

41.洋务运动失败的主要原因是什么?

42.孙中山三民主义学说的主要内容是什么?

43. 新文化运动的历史意义是什么？

44. 毛泽东领导的湘赣边界秋收起义的特点是什么？

45. 中国革命统一战线中的两个联盟及其关系是什么？

四、论述题(本大题共 2 小题，每小题 10 分，共 20 分。)

46. 在《论持久战》一文中，毛泽东是如何论述抗日战争是持久战，最后胜利属于中国的？

47. 中共八大是如何分析我国社会主义改造完成后国内的主要矛盾和主要任务的？

中国近现代史纲要

真题试卷（二）

（考试时间：150分钟）

题　号	一	二	三	四	总分
题　分	30	20	30	20	
得　分					

第Ⅰ部分　选择题（50分）

一、单项选择题（本大题共30小题，每小题1分，共30分）

在每小题列出的四个备选项中只有一个是符合题目要求的，请将其选出填在题后的括号内。错选、多选或未选均无分。

1. 在中国近代史上，人民群众第一次大规模反侵略的武装斗争是　　　　　　　【　　】
   A. 三元里的人民的抗英斗争　　　　　　B. 太平天国抗击洋枪队的斗争
   C. 台湾人民的抗日斗争　　　　　　　　D. 义和团抗击八国联军的斗争

2. 19世纪末，在帝国主义列强瓜分中国的狂潮中提出"门户开放"政策的国家是　【　　】
   A. 美国　　　　　　　　　　　　　　　B. 日本
   C. 俄国　　　　　　　　　　　　　　　D. 德国

3. 旧民主主义革命时期中国反侵略斗争失败的根本原因是　　　　　　　　　　【　　】
   A. 经济技术落后　　　　　　　　　　　B. 社会制度腐朽
   C. 思想文化保守　　　　　　　　　　　D. 军事指挥失误

4. 1843年，魏源在《海国图志》中提出的思想主张是　　　　　　　　　　　　【　　】
   A. 中学为体，西学为用　　　　　　　　B. 师夷长技以制夷
   C. 物竞天择，适者生存　　　　　　　　D. 维新变法

5. 太平天国农民起义爆发时间是　　　　　　　　　　　　　　　　　　　　　【　　】
   A. 1851年　　　　　　　　　　　　　　B. 1853年
   C. 1856年　　　　　　　　　　　　　　D. 1864年

6. 太平天国后期，提出《资政新篇》这一具有资本主义色彩改革方案的是　　　【　　】
   A. 洪秀全　　　　　　　　　　　　　　B. 杨秀清
   C. 洪仁玕　　　　　　　　　　　　　　D. 石达开

7. 1861年，清政府设立的综理洋务的中央机关是　　　　　　　　　　　　　　【　　】
   A. 江南制造总局　　　　　　　　　　　B. 京师同文馆
   C. 总理各国事务衙门　　　　　　　　　D. 外务部

8. 19世纪60年代，洋务派最早从事洋务事业是　　　　　　　　　　　　　　　【　　】
   A. 兴办民用工业　　　　　　　　　　　B. 创立新式学堂

C. 派遣留学生   D. 兴办军用工业

9. 1894 年，孙中山在檀香山建立的资产革命组织是 【　　】

   A. 兴中会   B. 华兴会

   C. 光复会   D. 岳王会

10. 1904 年至 1905 年，为争夺在华利益而在中国东北进行战争的帝国主义国家是 【　　】

   A. 美国与俄国   B. 美国与英国

   C. 英国与日本   D. 日本与俄国

11. 20 世纪初，邹容发表的号召人民推翻清朝统治、建立"中国共和国"的著作是 【　　】

   A.《驳康有为论革命书》   B.《革命军》

   C.《警世钟》   D.《猛回头》

12. 1905 年至 1907 年，资产阶级革命派与改良派论述的焦点是 【　　】

   A. 要不要打到列强   B. 要不要推翻帝制，实行共和

   C. 要不要以革命手段推翻清政府   D. 要不要废科举，兴学堂

13. 1918 年 5 月，鲁迅发表的第一篇白话文小说是 【　　】

   A.《阿 Q 正传》   B.《狂人日记》

   C.《药》   D.《祝福》

14. 标志着中国新民主主义革命开端的运动是 【　　】

   A. 新文化运动   B. 五四运动

   C. 保路运动   D. 五卅运动

15. 1919 年，发表《我的马克思主义观》一文的是 【　　】

   A. 陈独秀   B. 李大钊

   C. 蔡和森   D. 杨匏安

16. 1920 年 11 月，中国共产党早期组织领导的第一个产业工会是 【　　】

   A. 上海机器工会   B. 北京长辛店工人俱乐部

   C. 中国劳动组合书记部   D. 中华全国总工会

17. 1935 年 12 月，中共中央召开的确定抗日民族统一战线政策的会议是 【　　】

   A. 瓦窑堡会议   B. 洛川会议

   C. 中共六届六中全会   D. 中共六届七中全会

18. 1937 年，日本帝国主义发生全面侵华战争的标志是 【　　】

   A. 九一八事变   B. 一二·八事变

   C. 华北事变   D. 卢沟桥事变

19. 1940 年，在枣宜会战中以身殉国的国民党爱国将领是 【　　】

   A. 佟麟阁   B. 赵登禹

   C. 谢晋元   D. 张自忠

20. 中国共产党开展的延安整风运动最主要的任务是 【　　】

A. 反对主观主义   B. 反对宗派主义

C. 反对官僚主义   D. 反对八股党

21. 1946 年，中共中央决定将减租减息政策改为实现"耕者有其田"政策的文件是 【　　】

     A.《井冈山土地法》

     B.《兴国土地法》

     C.《关于清算、减租及土地问题的指示》

     D.《中国土地法大纲》

22. 1947 年 6 月，晋冀鲁豫野战军千里跃进大别山，揭开了人民解决战争 【　　】

     A. 战略防御的序幕   B. 战略转移的序幕

     C. 战略进攻的序幕   D. 战略决战的序幕

23. 1947 年，国民党宪警制造的镇压爱国学生运动的惨案是 【　　】

     A. 五卅惨案   B. 校场口惨案

     C. 下关惨案   D. 五二〇惨案

24. 1948 年 4 月，毛泽东完整提出新民主主义革命总路线的著作是 【　　】

     A.《新民主主义论》   B.《目前形势和我们的任务》

     C.《在晋绥干部会议上的讲话》   D.《将革命进行到底》

25. 1950 年 6 月，中共七届三中全会确定的中心任务是 【　　】

     A. 迅速消灭国民党残余势力   B. 完成新解放区土地改革

     C. 统一全国财政经济工作   D. 争取国家财政经济状况的基本好转

26. 1951 年底到 1952 年春，中国共产党在党政机关工作人员中开展的运动是 【　　】

     A. 肃反运动   B. 整风、整党运动

     C. "三反"运动   D. "五反"运动

27. 1988 年，中共中央和国务院决定建立的经济特区是 【　　】

     A. 珠海经济特区   B. 汕头经济特区

     C. 厦门经济特区   D. 海南经济特区

28. 1990 年，邓小平提出的关于中国农业改革与发展的思想是 【　　】

     A. "三个主体，三个补充"   B. "三步走"

     C. "两个飞跃"   D. "两个大局"

29. 中国恢复对澳门行使主权的时间是 【　　】

     A. 1997 年 7 月 7 日   B. 1997 年 12 月 20 日

     C. 1999 年 7 月 1 日   D. 1999 年 12 月 20 日

30. 中共十七大报告指出，我国社会主义现代化建设新时期最鲜明的特点是 【　　】

     A. 与时俱进   B. 快速发展

     C. 改革开放   D. 以人为本

二、多项选择题(本大题共 10 小题,每小题 2 分,共 20 分)

在每小题列出的四个备选项中只有一个是符合题目要求的,请将其选出填在题后的括号内。错选、多选或未选均无分。

31. 1911 年,直接参与领导武昌起义的革命组织是 【 】
   A. 共进会 　　　　　　　　　　　 B. 文学社
   C. 中华革命党 　　　　　　　　　 D. 中国国民党

32. 1913 年至 1922 年,资产阶级革命派为捍卫辛亥革命成果进行的斗争有 【 】
   A. "二次革命" 　　　　　　　　　 B. 护国战争
   C. 第一次护法运动 　　　　　　　 D. 第二次护法运动

33. 1945 年 8 月,中共中央在《对目前时局的宣言》中明确提出的口号是 【 】
   A. 自由 　　　　　　　　　　　　 B. 和平
   C. 民主 　　　　　　　　　　　　 D. 团结

34. 1948 年 8 月至 1949 年 1 月,中国人民解放军进行的战略决战是 【 】
   A. 辽沈战役 　　　　　　　　　　 B. 淮海战役
   C. 平津战役 　　　　　　　　　　 D. 渡江战役

35. 毛泽东在《论人民民主专政》一文中指出,构成人民民主专政主要联盟的阶级是 【 】
   A. 工人阶级 　　　　　　　　　　 B. 城市小资产阶级
   C. 农民阶级 　　　　　　　　　　 D. 民族资产阶级

36. 1949 年 9 月,中国人民政治协商会议通过的《共同纲领》的主要内容包括 【 】
   A. 关于新中国的国体和政体 　　　 B. 关于新中国的基本民族政策
   C. 关于新中国的经济工作方针 　　 D. 关于新中国的外交工作原则

37. 土地改革完成后,新民主主义社会的主要矛盾集中表现为 【 】
   A. 农民阶级与资产阶级的矛盾 　　 B. 资本主义和封建主义的矛盾
   C. 无产阶级与资产阶级的矛盾 　　 D. 社会主义与资产主义的矛盾

38. 中国共产党在过渡时期总路线的主要是逐步实现 【 】
   A. 国家的社会主义工业化
   B. 国家对农业的社会主义改造
   C. 国家对手工业的社会主义改造
   D. 国家对资本主义工商业的社会主义改造

39. 我国对农业实行社会主义改造的过渡性经济组织形式包括 【 】
   A. 互助组 　　　　　　　　　　　 B. 初级农业生产合作社
   C. 高级农业生产合作社 　　　　　 D. 人民公社

40. 我国对资本主义工商业实行社会主义改造的初级形式的国家资本主义包括 【 】
   A. 公私合营 　　　　　　　　　　 B. 加工订货
   C. 统购包销 　　　　　　　　　　 D. 经销代销

第Ⅱ部分　非选择题(50分)

三、简答题(本大题共 5 小题,每小题 6 分,共 30 分。)

41. 近代中国工人阶级的特殊优点是什么?

42. 资产阶级维新派的自身弱点和局限的主要表现是什么?

43. 北伐战争胜利进军的主要原因是什么?

44. 中国人民抗日战争胜利的基本经验是什么？

45. 1978 年关于真理标准问题大讨论的历史意义是什么？

四、论述题(本大题共 2 小题,每小题 10 分,共 20 分)

46.论述中国共产党领导中国工农红军长征胜利的历史意义。

47.论述毛泽东关于正确区分社会主义社会两类不同性质矛盾学说的主要内容及意义。

强化模拟

第四部分

中国近现代史纲要

强化模拟（一）

（考试时间：150分钟）

题　号	一	二	三	总分
题　分	50	30	20	
得　分				

第Ⅰ部分　选择题（50分）

一、单项选择题（本大题共 25 小题，每小题 2 分，共 50 分。在每小题列出的四个备选项中只有一个是符合题目要求的，请将其选出填在题后的括号内。错选、多选或未选均无分。）

1. 资本—帝国主义列强对中国的侵略，首先和主要的是进行　　　　　　　　　　【　　】
   A. 政治控制　　　　　　　　　　　　B. 经济掠夺
   C. 文化渗透　　　　　　　　　　　　D. 军事侵略

2. 清政府将台湾全岛及所有附属岛屿和澎湖列岛割让给日本的条约是　　　　　【　　】
   A.《北京条约》　　　　　　　　　　　B.《天津条约》
   C.《瑷珲条约》　　　　　　　　　　　D.《马关条约》

3. 在半殖民地半封建的中国，最主要的矛盾是　　　　　　　　　　　　　　　【　　】
   A. 无产阶级和资产阶级的矛盾　　　　B. 封建主义和人民大众的矛盾
   C. 帝国主义和中华民族的矛盾　　　　D. 生产力和生产关系的矛盾

4. 1851～1853 年，仅仅经过两年的战斗，太平军就席卷 6 省，取得伟大的胜利。这是因为
   　　　　　　　　　　　　　　　　　　　　　　　　　　　　　　　　　　　【　　】
   A. 清政府腐败无能，不堪一击
   B. 起义得到了百姓的欢迎和拥护
   C. 颁布了《天朝田亩制度》
   D. 太平天国农民起义是反对清政府腐朽统治和地主阶级压迫的正义战争

5. 洋务派举办近代军事工业的首要目的是　　　　　　　　　　　　　　　　　【　　】
   A. 加强海防、边防，抵御外国侵略　　B. 镇压太平天国起义
   C. 发展工业，促进对外贸易　　　　　D. 为民用企业的创办打下基础

6. 以下属于严复翻译的著作是　　　　　　　　　　　　　　　　　　　　　　【　　】

A.《新学伪经考》　　　　　　　　　　B.《变法通议》

C.《天演论》　　　　　　　　　　　　D.《人类公理》

7. 中华民国南京临时政府的性质是　　　　　　　　　　　　　　　　【　　】

　A. 资产阶级共和国性质的革命政权　　B. 大地主大资产阶级专制的政府

　C. 无产阶级占主导地位的政权　　　　D. 各阶级联合执政的政府

8. 新文化运动的主要内容是　　　　　　　　　　　　　　　　　　　【　　】

　A. 提倡白话文，反对文言文　　　　　B. 提倡新道德，反对旧道德

　C. 提倡民主思想和民主制度　　　　　D. 提倡民主和科学

9. 五四运动后期的主力是　　　　　　　　　　　　　　　　　　　　【　　】

　A. 工人　　　　　　　　　　　　　　B. 学生

　C. 先进的知识分子　　　　　　　　　D. 民族资产阶级

10. 中共二大提出新的革命方法是　　　　　　　　　　　　　　　　　【　　】

　A. 武装夺取政权　　　　　　　　　　B. 走农村包围城市道路

　C. 走群众路线　　　　　　　　　　　D. 建立革命统一战线

11. 1927 年 7 月中旬，中共中央临时政治局常委会决定了三件大事，其中不包括　【　　】

　A. 将党所掌握和影响的部队向南昌集中，准备起义

　B. 组织湘鄂赣粤四省的农民，在秋收季节举行暴动

　C. 召集中央会议，讨论和决定新时期的方针和政策

　D. 开展土地革命斗争

12. 建设共产党领导的新型人民军队的重要开端是　　　　　　　　　　【　　】

　A. 南昌起义　　　　　　　　　　　　B. 广州起义

　C. 秋收起义　　　　　　　　　　　　D. 三湾改编

13. 标志抗日救亡运动新高潮到来的事件是　　　　　　　　　　　　　【　　】

　A. 华北事变　　　　　　　　　　　　B. "一二·九"运动

　C. 西安事变　　　　　　　　　　　　D. 七七事变

14. 全民族抗战开始后，中国军队取得的第一次重大胜利是　　　　　　【　　】

　A. 台儿庄战役　　　　　　　　　　　B. 平型关战役

　C. 桂南会战　　　　　　　　　　　　D. 长沙会战

15.《中国人民政治协商会议共同纲领》最基本、最核心的内容是　　　　【　　】

　A. 关于国体和政体的规定　　　　　　B. 关于经济方针的规定

　C. 关于民族政策的规定　　　　　　　D. 关于外交政策的规定

16. 标志着近代以来中国争取民族独立和人民解放的历史任务基本完成的是　【　　】

　A. 抗日战争取得胜利　　　　　　　　B. 打败国民党反动派

　C. 人民民主专政的新中国的创建　　　D. 中共七届二中全会胜利召开

17. 手工业合作化的组织形式是　　　　　　　　　　　　　　　　　　【　　】

A. 生产合作小组—供销合作社—生产合作社

B. 供销合作社—生产合作小组—生产合作社

C. 生产合作小组—生产合作社—供销合作社

D. 生产合作社—生产合作小组—供销合作社

18. 国家对资本主义工商业改造的政策是 【 　 】

A. 没收　　　　　　　　　　B. 赎买

C. 调整　　　　　　　　　　D. 合并

19. "文化大革命"的导火线是 【 　 】

A.《海瑞罢官》的发表

B.《评新编历史剧〈海瑞罢官〉》的发表

C.《五一六通知》的发表

D.《炮打司令部——我的一张大字报》的发表

20. "批林批孔"运动矛头指向的是 【 　 】

A. 刘少奇　　　　　　　　　B. 邓小平

C. 周恩来　　　　　　　　　D. 谭震林

21. 毛泽东在1975年底发动了所谓"批邓、反击右倾翻案风"运动，其根本原因是 【 　 】

A. "四人帮"反革命集团为抢班夺权力图利用毛泽东排挤邓小平

B. 毛泽东不能容忍邓小平系统地纠正"文化大革命"的错误

C. 邓小平力图团结老干部反击"四人帮"集团

D. 毛泽东认为邓小平的整顿最终会导致为党内走资派刘少奇翻案

22. 中国恢复在联合国的合法席位是在 【 　 】

A. 1970 年　　　　　　　　B. 1971 年

C. 1972 年　　　　　　　　D. 1979 年

23. 邓小平强调：毛泽东思想的出发点和根本点是 【 　 】

A. 为人民服务　　　　　　　B. 实事求是

C. 独立自主　　　　　　　　D. 群众路线

24. 十四大指出，我国经济体制改革的目标是 【 　 】

A. 建立社会主义市场经济体制

B. 建立以市场经济为主，计划调节为辅的经济体制

C. 建立有计划的社会主义商品经济

D. 建立以公有制为主体，多种所有制经济共同发展的经济体制

25. 中国共产党正式提出科学发展观的会议是 【 　 】

A. 十五届三中全会　　　　　B. 十六大

C. 十六届三中全会　　　　　D. 十七大

第Ⅱ部分　非选择题(50分)

二、简答题(本大题共5小题,每小题6分,共30分。)

26.简述为什么第一次鸦片战争是中国近代史的开端。

27.简述《中华民国临时约法》的性质及其基本内容。

28.简述《论人民民主专政》关于建立人民民主专政的新中国的主张。

29. 简述新中国初期的独立自主和平外交政策。

30. 简述中共十八大的历史贡献。

三、论述题(本大题共 3 小题,考生任选其中 2 题作答,每小题 10 分,共 20 分。如果考生回答的题目超过 2 题,只按考生回答题目的前 2 题计分。)

31. 试述《资政新篇》的性质和主要内容。

32.试述国民革命的历史意义以及失败的原因和教训。

33.试述毛泽东关于正确处理人民内部矛盾理论的基本内容及其意义。

中国近现代史纲要

强化模拟（二）

（考试时间：150分钟）

题　号	一	二	三	总分
题　分	50	30	20	
得　分				

第Ⅰ部分　选择题（50分）

一、单项选择题（本大题共25小题，每小题2分，共50分。在每小题列出的四个备选项中只有一个是符合题目要求的，请将其选出填在题后的括号内。错选、多选或未选均无分。）

1.近代第一个对中国发动侵略战争的资本—帝国主义列强是　　　　　　　　　　【　　】

　　A.法国　　　　　　　　　　　　　　　B.美国

　　C.英国　　　　　　　　　　　　　　　D.日本

2.中国割让台湾全岛及所有附属岛屿和澎湖列岛的不平等条约是　　　　　　　【　　】

　　A.《虎门条约》　　　　　　　　　　　B.《黄埔条约》

　　C.《辛丑条约》　　　　　　　　　　　D.《马关条约》

3.《天朝田亩制度》的中心内容是　　　　　　　　　　　　　　　　　　　　　【　　】

　　A.推翻清政府的统治　　　　　　　　　B.反对帝国主义的侵略

　　C.解决土地问题　　　　　　　　　　　D.促进农副业生产发展

4.1861年，清政府设立综理洋务的中央机关是　　　　　　　　　　　　　　　【　　】

　　A.外交部　　　　　　　　　　　　　　B.总理各国事务衙门

　　C.内务府　　　　　　　　　　　　　　D.军机处

5."百日维新"失败后，唯一保留下来的新政措施是　　　　　　　　　　　　　【　　】

　　A.准许上书言事　　　　　　　　　　　B.开设京师大学堂和各地新式学堂

　　C.改革科举制度　　　　　　　　　　　D.改革国家财政

6.五四前新文化运动的主要内容是　　　　　　　　　　　　　　　　　　　　　【　　】

　　A."自强""求富"　　　　　　　　　　B.传播马克思主义

　　C.救国图存　　　　　　　　　　　　　D.提倡民主和科学

7. 集中讨论了建立革命统一战线的问题，决定全体共产党员以个人名义加入国民党的会议是 【　　】

　　A. 中共二大　　　　　　　　　　　　B. 中共三大

　　C. 中共四大　　　　　　　　　　　　D. 中共五大

8. 红军长征前组成北上抗日先遣队，为首的是 【　　】

　　A. 方志敏　　　　　　　　　　　　　B. 叶挺

　　C. 博古　　　　　　　　　　　　　　D. 杨靖宇

9. 重庆谈判期间，中共中央正式确定的战略方针是 【　　】

　　A. "让开大路，占领两厢"　　　　　　B. "向南发展，向北防御"

　　C. "争取和平民主"　　　　　　　　　D. "向北发展，向南防御"

10. 1935 年 1 月中共中央政治局在遵义召开扩大会议，会议着力解决了 【　　】

　　A. 党的政治路线问题　　　　　　　　B. 红军的前进方向问题

　　C. 当时具有决定意义的军事和组织问题　D. 土地革命的政策问题

11. 抗日战争进入相持阶段后，日本帝国主义对国民政府采取的策略是 【　　】

　　A. 以军事打击为主，政治诱降为辅　　B. 以政治诱降为主，军事打击为辅

　　C. 军事打击和政治诱降并重　　　　　D. 速战速决，武力征服

12. 中国共产党历史上第一个开展自然科学教学与研究的专门机构是 【　　】

　　A. 中国人民抗日军政大学　　　　　　B. 陕北公学

　　C. 鲁迅艺术学院　　　　　　　　　　D. 延安自然科学院

13. 1946 年 2 月 10 日，国民党特务破坏"庆祝政协成功大会"致李公朴、郭沫若、马寅初及新闻记者等多人被打伤，史称 【　　】

　　A. 下关惨案　　　　　　　　　　　　B. 校场口惨案

　　C. "一二·一"惨案　　　　　　　　　D. 李闻惨案

14. 太平天国后期，由洪仁玕提出的带有鲜明资本主义色彩的方案是 【　　】

　　A.《原道觉世训》　　　　　　　　　　B.《原道救世歌》

　　C.《天朝田亩制度》　　　　　　　　　D.《资政新篇》

15. 1905 年 11 月，孙中山将同盟会纲领概括为民族、民权、民生三大主义的文章是 【　　】

　　A.《猛回头》　　　　　　　　　　　　B.《革命军》

　　C.《警世钟》　　　　　　　　　　　　D.《民报》发刊词

16. 1926 年 11 月，中共中央成立农民运动委员会，书记是 【　　】

A. 毛泽东　　　　　　　　　　　　B. 彭湃

C. 李立三　　　　　　　　　　　　D. 刘少奇

17. 将"没收一切土地"改为"没收一切公共土地及地主阶级的土地"的法规是　　　　【　　】

A.《井冈山土地法》　　　　　　　B.《兴国土地法》

C.《中国土地法大纲》　　　　　　D.《土地问题决议案》

18. 1951 年底到 1952 年春,中国共产党在党政机构工作人员中开展的运动是　　　　【　　】

A. 镇压反革命运动　　　　　　　B."三反"运动

C."五反"运动　　　　　　　　　D. 整风运动

19. 1980 年 5 月,中共中央决定在深圳等地设立　　　　　　　　　　　　　　　　【　　】

A. 经济技术开发区　　　　　　　B. 经济特区

C. 改革开放试验区　　　　　　　D. 高新技术开发区

20. 2011 年 10 月召开的标志我国文化改革发展进入一个新阶段的会议是　　　　　【　　】

A. 中共十六届六中全会　　　　　B. 中共十七届一中全会

C. 中共十七届六中全会　　　　　D. 中共十八届二中全会

21. 阐明中国特色社会主义的总依据、总布局、总任务的大会是　　　　　　　　　【　　】

A. 中共十五大　　　　　　　　　B. 中共十六大

C. 中共十七大　　　　　　　　　D. 中共十八大

22. 毛泽东比较全面总结农业合作化运动基本经验的报告是　　　　　　　　　　　【　　】

A.《关于农业合作化问题》　　　　B.《关于农业生产互助合作的决议(草案)》

C.《关于发展农业生产合作社的决议》　D.《组织起来》

23. 1956 年被毛泽东称作"新经济政策"的是　　　　　　　　　　　　　　　　　【　　】

A. 社会主义条件下的商品生产

B. 可以消灭了资本主义,又搞资本主义

C. 社会主义条件下的价值规律

D."三个主体、三个补充"

24. 2001 年 12 月 11 日,经过长达 15 年的艰苦谈判,中国正式加入　　　　　　　【　　】

A. 世界银行　　　　　　　　　　B. 世界货币基金组织

C. 世界贸易组织　　　　　　　　D. 联合国人权组织

25. 一致同意将科学发展观写入党章的大会是　　　　　　　　　　　　　　　　　【　　】

A. 中共十四大　　　　　　　　　B. 中共十五大

C. 中共十六大　　　　　　　　　D. 中共十七大

第Ⅱ部分　非选择题(50分)

二、简答题(本大题共 5 小题，每小题 6 分，共 30 分。)

26.简述中共二大制定的民主革命纲领的主要内容及其意义。

27.简述中共十三大制定的社会主义现代化建设"三步走"的战略部署。

28.简述中国共产党 1958 年秋冬至庐山会议前的纠"左"努力。

29. 简述洋务新政的主要内容。

30. 简述北伐战争得以胜利进军的原因。

三、论述题(本大题共 3 小题,考生任选其中 2 题作答,每小题 10 分,共 20 分。如果考生回答的题目超过 2 题,只按考生回答题目的前 2 题计分。)

31. 试述中国人民抗日战争胜利的原因。

32. 试述太平天国农民战争的意义。

33. 邓小平南方谈话的主要内容及其意义。

参考答案

题型练习

一、单项选择题

1. B	2. A	3. C	4. D	5. C	6. B	7. D	8. D	9. D	10. A
11. B	12. A	13. B	14. B	15. C	16. A	17. C	18. C	19. D	20. A
21. C	22. A	23. A	24. B	25. C	26. B	27. A	28. D	29. B	30. A
31. B	32. B	33. C	34. D	35. D	36. C	37. B	38. A	39. A	40. A
41. A	42. A	43. B	44. D	45. B	46. A	47. D	48. B	49. C	50. C
51. B	52. B	53. C	54. C	55. C	56. D	57. C	58. C	59. C	60. B
61. D	62. C	63. A	64. C	65. C	66. D	67. A	68. A	69. C	70. D
71. A	72. B	73. C	74. B	75. C	76. B	77. A	78. D	79. C	80. D
81. D	82. C	83. B	84. D	85. A	86. C	87. A	88. C	89. D	90. B
91. D	92. C	93. B	94. C	95. D	96. A	97. D	98. D	99. A	100. B
101. B	102. A	103. D	104. A	105. D	106. A	107. A	108. B	109. A	110. B
111. B	112. C	113. B	114. D	115. B	116. A	117. B	118. A	119. D	120. A
121. A	122. C	123. A	124. D	125. C	126. D	127. C	128. B	129. A	130. C
131. A	132. D	133. B	134. C	135. D	136. D	137. C	138. C	139. D	140. C
141. C	142. C	143. B	144. A	145. C	146. D	147. C	148. A	149. D	150. C
151. C	152. A	153. D	154. B	155. C	156. B	157. C	158. C	159. D	160. C
161. A	162. C	163. C	164. B	165. B	166. C	167. B	168. D	169. A	170. B
171. A	172. B	173. A	174. D	175. B	176. B	177. A	178. C	179. D	180. B
181. B	182. B	183. B	184. A	185. C					

二、多项选择题

191. ABCD	192. CD	193. ABCD	194. ABD	195. AC
196. BCD	197. ACD	198. ABCD	199. BD	200. ABD
201. ABCD	202. AB	203. AD	204. ABC	205. BCD
206. ABD	207. ABCD	208. ABC	209. ABCD	210. AD
211. ACD	212. AB	213. ACD	214. CD	215. ABCD
216. AB	217. ABD	218. ABC	219. ABCD	220. ABCD
221. CD	222. ABD	223. AC	224. ABCD	225. ABCD
226. BCD	227. ACD	228. ABCD	229. ABCD	230. ABCD

231. CD	232. AB	233. BCD	234. ABD	235. ABCD
236. AC	237. ABC	238. BCD	239. ABC	240. ABCD
241. ABCD	242. ABC	243. ABCD	244. CD	245. BCD
246. AC	247. ACD	248. AB	249. ABCD	250. ABCD
251. ABCD	252. ABCD	253. AB	254. BD	255. ABCD

三、简答题

256. (1)洋务运动具有封建性。洋务派只注重西法练兵和办企业,而不去改变落后的封建制度。

(2)洋务运动对西方列强具有依赖性。洋务派企图仰仗西方列强来达到"求强""求富"的目的,这无异于与虎谋皮。

(3)洋务企业的管理具有腐朽性。洋务派对企业采取的是封建衙门式的管理方法。

257. (1)它是一次爱国救亡运动。

(2)它是一场资产阶级性质的政治改革运动。

(3)它是一场思想启蒙运动。

(4)它在改革社会风气方面也有不可低估的意义。

258. 意义:论战使民主革命思想得到广泛传播。1907年《新民丛报》不得不宣告停刊,论战以革命派的胜利告终。经过这场大论战,进一步划清了革命派和改良派的界限,使人们清楚地认识到实行民主革命的必要性。革命派批判了封建文化思想,使西方的资产阶级民主思想和孙中山的三民主义思想得到了更广泛的传播,促进了革命力量的壮大。

259. (1)要不要以革命手段推翻清政府;

(2)要不要推翻帝制,实行共和;

(3)要不要进行社会革命。

260. (1)民族主义包括"驱逐鞑虏""恢复中华"两项内容,一是以革命手段推翻清王朝,改变它一贯推行的民族歧视和压迫政策;二是变"次殖民地"的中国为独立的中国。

(2)民权主义是指"创立民国"。即推翻封建君主专制制度,建立资产阶级共和国。

(3)民主主义是指"平均地权"。基本方案是核定地价,按价征收,涨价归公,按价收买。

261. (1)没有提出彻底的反对帝国主义和反对封建主义的革命纲领。

(2)没有充分发动和依靠民众。

(3)没有建立坚强的革命政党。

262. (1)发动"二次革命";

(2)组织"中华革命党";

(3)发动护国战争;

(4)发动护法运动。

263. 辛亥革命是一次比较完全意义上的资产阶级民主革命。

(1)辛亥革命推翻了清王朝,沉重打击了中外反动势力;

(2)辛亥革命结束了中国两千多年的封建君主专制制度,创立了中华民国;

(3)辛亥革命开启了思想进步和民族觉醒的大门;

(4)辛亥革命促使社会风气的新变化;

(5)辛亥革命打击了帝国主义在华势力。

264. 1924年中国国民党一大在广州召开,大会通过的宣言对三民主义作了新的阐释。

(1)民族主义突出了反对帝国主义的内容,强调对外争取中华民族的完全独立,同时主张国内各民族一律平等。

(2)民权主义强调了民权为一般平民所共有,不应为"少数人所得而私"。

(3)民生主义在"平均地权"基础上增加了"节制资本"的原则,并提出了改善工农生活状况。

(4)新三民主义和中共在民主革命时期的纲领在基本原则上是一致的,成为国共合作的政治基础和革命统一战线的共同纲领。

265.(1)它是资产阶级民主主义的新文化同封建主义旧文化的斗争,是辛亥革命在思想文化领域的延续,以磅礴的气势沉重打击了封建专制主义。

(2)它大力宣传了民主和科学,启发了人们的理智和民主主义觉悟,将人们从封建专制所造成的蒙昧中解放出来,开启了思想解放的潮流。

(3)它为中国先进分子接受马克思主义准备了适宜的土壤,为以五四运动为开端的中国新民主主义革命创造了思想文化上的条件。

266.国民党所实行的是代表地主阶级买办性的大资产阶级利益的一党专政和军事独裁统治。

(1)建立庞大的军队;

(2)建立密布全国的特务系统;

(3)大力推行保甲制度;

(4)厉行文化专制主义。

267.中共二大是中国近现代历史上第一次明确提出了反帝反封建的民主革命纲领。

(1)最高纲领:实现社会主义、共产主义。

(2)最低纲领:即当前阶段也就是民主革命阶段的纲领。消除内乱,打倒军阀,建设国内和平;推翻国际帝国主义的压迫,达到中华民族完全独立;统一中国为真正的民主共和国。

268.(1)会议彻底清算了大革命后期陈独秀的右倾机会主义错误,确定了土地革命和武装斗争的方针,保证中国革命的继续向前发展。

(2)选出了以瞿秋白为书记的中央临时政治局。

(3)毛泽东在发言中着重阐述了农民问题和武装斗争对于中国革命的极端重要性。

269.(1)秋收起义放弃了"左派国民党"运动的旗号,公开打出了"工农革命军"的旗帜;

(2)秋收起义不仅是军队的行动,而且有数量众多的工农武装参加。

270.遵义会议在极其危急的情况下,挽救了中国共产党、中国工农红军和中国革命;开始确立以毛泽东为代表的新的中央的领导,成为中国共产党历史上一个生死攸关的转折点;标志着中国共产党在政治上走向成熟。

271.内容:

(1)将原有的一个师缩编为一个团;

(2)在部队中建立各级党组织并将党支部建在连上;

(3)成立各级士兵委员会,部队内部实行民主管理。

意义:是建设共产党领导的新型人民军队的重要开端。

272.(1)华北事变后,1935年12月9日,在中共地下党组织领导下,北平学生举行声势浩大的抗日求亡游行,史称一二·九运动。

(2)它促进了中华民族的觉醒,标志着中国人民抗日救亡运动新高潮的到来。

273.(1)根据地军民积极进行经济建设以打破敌人的封锁。大力发展农业生产。

(2)苏维埃政府动员和组织获得了土地的农民群众开展互助合作运动,成立劳动互助社、犁牛合作社,合理调节人力、物力,提高劳动生产率组织农民开垦荒地、兴修水利,增加农作物产量。

(3)随着农业生产的恢复和发展,手工业也有长足的发展,公营的军需工业和厂矿企业开始建立起来。

(4)开展同国民党统治区的经济贸易往来,设置了对外贸易机关,奖励私人商业输出输入各种必要的商品。

274.(1)在中国共产党的领导下,建立以国共合作为基础的最广泛的抗日民族统一战线,实行人民战争的路线,实行持久战的战略方针,依靠本国人民团结抗战,也争取国际援助。这就是打败日本侵略者,赢得中国抗日战争胜利的主要原因。中国共产党在全民族抗战中发挥了中流砥柱的作用。

(2) 中国人民巨大的民族觉醒、空前的民族团结和英勇的民族抗争是中国人民抗日战争胜利的决定性因素。

(3) 中国人民抗日战争的胜利同世界所有爱好和平和正义的国家和人民、国际组织以及各种反法西斯力量的同情和支持是分不开的。

275. (1) 中国人民抗日战争的胜利，彻底粉碎了日本军国主义殖民奴役中国的图谋，捍卫了国家主权和领土完整，彻底洗刷了近代以来抗击外来侵略屡战屡败的民族耻辱。

(2) 中国人民抗日战争的伟大胜利，重新确立了中国在世界上的大国地位。中国人民为世界反法西斯战争作出了重大贡献，赢得了世界爱好和平人民的尊敬，赢得了崇高的民族声誉。

(3) 中国人民抗日战争的胜利，促进了中华民族的觉醒，开辟了中华民族伟大复兴的光明前景。抗日战争的胜利为中国共产党领导人民取得整个新民主主义革命的胜利奠定了基础。

276. (1) 以蒋介石国民党为代表的地主买办资产阶级，要建立一个大地主大资产阶级专政的半殖民地半封建的国家；

(2) 以一些民主党派和无党派民主人士中主张"第三条道路"的人士为代表的民族资产阶级，要建立一个资产阶级专政的资本主义国家；

(3) 以中国共产党为代表的工人阶级、农民阶级和城市小资产阶级，要建立一个无产阶级领导的人民大众的新民主主义的国家，并且经过这个人民共和国，到达社会主义和共产主义社会。

277. (1) 两个联盟：一个是劳动者的联盟，主要是工人、农民和城市小资产阶级的联盟，这是基本的、主要的；一个是劳动者与非劳动者的联盟，主要是劳动者与民族资产阶级的联盟，有时还包括与一部分大资产阶级的暂时的联盟，这是辅助的、同时又是重要的。

(2) 必须坚决依靠第一个联盟，争取建立和扩大第二个联盟。

(3) 巩固扩大革命统一战线的关键是坚持工人阶级政党的领导权，率领同盟者对敌人斗争取得胜利；给予同盟者物质福利并给以政治教育；对资产阶级采取又联合又斗争的政策。

278. (1) "以公私兼顾、劳资两利、城乡互助、内外交流的政策，达到发展生产、繁荣经济之目的"。

(2) 国家应调剂国营经济、个体经济、私人资本主义经济等，"使各种社会经济成分在国营经济领导之下，分工合作，各得其所，以促进整个社会经济的发展"。

279. "五反"是指：反对行贿、反对偷税漏税、反对盗骗国家财产、反对偷工减料和反对盗窃经济情报。

280. (1) 要正确处理重工业、轻工业和农业的关系；以农、轻、重为序发展国民经济。

(2) 在优先发展重工业的条件下，坚持工业和农业并举、重工业和轻工业并举、中央工业和地方工业并举、大中小企业并举等"两条腿"走路的方针。

(3) 正确解决好综合平衡的问题，处理好积累和消费、生产和生活的问题。

(4) 处理好国家、集体和个人的关系，统筹兼顾，适当安排。

281. 党在过渡时期的总路线和总任务，是要在一个相当长的时期内，逐步实现社会主义工业化，并逐步实现国家对农业、手工业和资本主义工商业的社会主义改造。

282. (1) 主要矛盾是人民对于建立的工业国的要求同落后的农业国的现实之间的矛盾，是人民对于经济文化迅速发展的需要同当前文化不能满足人民需要的状况之间的矛盾。

(2) 主要任务是集中力量来解决这个矛盾，把我国尽快的从农业国变为先进的工业国。

283. (1) 社会主义制度的建立是我国历史上最深刻最伟大的社会变革，是中华人民共和国发展中的一个重要里程碑。

(2) 中国社会主义改造创造了一系列从低级到高级的逐步过渡的形式，用和平的方法改造个体农业、手工业和资本主义工商业，在历史上第一次实现了马克思和列宁关于对资产阶级和平赎买的设想。我国社会主义改造胜利完成的事实表明社会主义的基本经济制度已经在我国建立起来，中国已经从新民主主义社会进入到社会主义社会的初级阶段。它为进一步发展我国的社会生产力，使全国人民逐步过上富裕的生活，为中国今后的发展和进步奠定了重要的基础。

284. 在经济建设上，坚持既反保守又反冒进即在综合平衡中稳步前进的方针。在政治建设上，继续加强我国的人民民主专政；加强国内各民族的团结；继续巩固人民民主统一战线；逐步制定完备的法律，建立健全的法制。

285. 中共八大为全面进行社会主义建设制定的路线是正确的，提出的许多新的方针和思想是富于创造精神的。大会集中全党智慧总结提出的探索中国建设社会主义道路的重要成果，对于社会主义建设事业和党的事业的发展有着长远的指导意义。

286. (1)国家经营和集体经营是主体，一定数量的个体经营为补充；
    (2)计划生产是主体，一定范围内的自由生产为补充；
    (3)国家市场是主体，一定范围内的自由市场为补充。

287. (1)中共中央和人民政府紧紧抓住恢复和发展生产作为一切工作的中心，正确处理恢复国民经济同其他各项工作的关系；
    (2)从当时的国情出发，对国家财经实行集中和统一的管理，制定了"不要四面出击"等正确方针政策，妥善处理公私关系、劳资关系等各种社会关系；
    (3)加强党的自身建设，保持和发扬党的优良传统和作用，及时有力地抵制了资产阶级的腐蚀。

288. 1981年6月，党的十一届六中全会审议通过了《关于建国以来党的若干历史问题的决议》，决议实事求是的评价了毛泽东的历史地位，充分论述了毛泽东思想作为党的指导思想的伟大意义，这是决议最为重要、最为核心的内容，决议指出，毛泽东是伟大的马克思主义者，是伟大的无产阶级革命家、战略家和理论家。就他的一生来看，他对中国革命的功绩远远大于他的过失。毛泽东思想是马克思列宁主义在中国的运用和发展，是被实践证明了的中国革命的正确理论原则和经验总结，是中国共产党集体智慧的结晶。决议既对多年来的"左"倾错误和毛泽东几年的错误作了科学的分析和批评，又坚决的维护了党在长期斗争中形成的优良传统，维护了毛泽东的思想的科学体系和毛泽东的历史地位。

289. 邓小平的南方谈话，在重大历史关头，科学地总结了十一届三中全会以来党的基本实践和基本经验，明确回答了长期困扰和束缚人们思想的许多重大人事问题，对整个社会主义现代化建设事业产生了重大而深远的影响。

290. (1)人民代表大会制度，中国共产党领导的多党合作和政治协商制度，进一步健全和完善；
    (2)基层民主建设取得重大进展，以农村村民委员会，城市居民委员会和企业职工代表大会为主要内容的基础民主自治体系开始形成；
    (3)社会主义制度建设取得显著成效，以宪法为基础的中国特色社会主义法律体系中逐步完善。

四、论述题

291. (1)太平天国失败的根本原因，是缺乏先进阶级的领导。农民阶级不是新的生产力和生产关系的代表，带有小生产者所固有阶级局限性。
    (2)没有科学理论的指导。太平天国是以拜上帝教来发动、组织群众的，但是，拜上帝教教义不是科学的思想理论，太平天国也不能正确对待传统文化。
    (3)没有正确的政治纲领。《天朝田亩制度》虽有反封建的意义，但没有实现的现实依据。
    (4)不能保持农民队伍的团结一致。农民意识导致农民运动领袖之间的内讧，是导致失败的原因之一。
    (5)太平天国领导人对外国资本主义列强侵华野心缺乏理性的认识。
    经验教训：太平天国起义的发生和失败表明，在半殖民地半封建社会，农民具有伟大的革命力量，但由于阶级和时代的局限，它不能担负起领导反帝反封建斗争取得胜利的重任。

292. (1)两大历史任务：一是争取民族独立和人民解放；二是实现国家的富强和人民的富裕。
    (2)这两大任务是互相区别又互相紧密联系的。由于腐朽的社会制度束缚着生产力的发展，阻碍着经济技术的进步，必须首先改变这种社会制度，争得民族独立和人民解放，才能为实现国家富强和人民富裕创造前提，开辟道路。因为不首先争得民族独立和人民解放，第一，就不可能推翻帝国主义对中国的反动统治，改变它们控制中国经济财政命脉，压迫中国民族工商业发展的局面；第二，就不可能废除封建地主土地所有制和专制政治制度，解放农村生产力，改善农民的生活，扩大民族工商业的国内市场；第三，就不可能达到民族的团结，社会的稳定从而集中力量进行经济、文化、教育等各方面的现代化建设。

293.(1)中国半殖民地半封建社会的主要矛盾是：帝国主义与中华民族的矛盾、封建主义与人民大众的矛盾，而帝国主义与中华族的矛盾是各种矛盾中最主要的矛盾。

(2)两对主要矛盾之间的相互关系是：当外国列强向中国发动侵略战争时，阶级矛盾降到次要地位，民族矛盾上升到主要地位，当外国侵略者同中国封建政权相勾结，共同镇压中国革命，尤其是封建地主阶级对人民的压迫特别残酷时，阶级矛盾上升为主要矛盾。

294.北伐战争的战略方针：集中兵力、各个歼敌。首先以主力进军两湖，消灭吴佩孚；然后引兵东向，消灭孙传芳；最后，北上解决张作霖。

北伐战争得以胜利进军的原因在于：

(1)国共合作的实现，革命统一战线的建立，特别是共产党和共青团的先锋模范作用是北伐胜利的重要原因。

(2)北伐军得到广大工农群众的大力支持。北伐战争是在反对帝国主义、反对军阀的口号下进行的正义的革命战争，实现国家独立和统一是全国人民的共同愿望。

(3)北伐战争得到苏联政府的多方面援助，特别是派出的军事顾问帮助北伐军制定了正确的军事战略战术。

295.所谓半殖民地是指西方列强在中国划分租界和势力范围，但是又有一个清政府为名义上的国家统治者；所谓半封建社会，是指统治者为清政府，可是它的很多政策决定都受制于西方列强，凡事要看对方的脸色，事实上就是主权沦丧但又不是完全的沦丧，这点跟印度不一样，印度是英国完全的殖民地，主权彻底沦丧。它的主要特点可以概括如下：

(1)封建时代的自给自足的自然经济基础是被破坏了；但是，封建剥削制度的根基——地主阶级对农民的剥削，不但依旧保持着，而且同买办资本和高利贷资本的剥削结合在一起，在中国的社会经济生活中，占着显然的优势。

(2)民族资本主义有了某些发展，并在中国政治的、文化的生活中起了颇大的作用；但是，它没有成为中国社会经济的主要形式，它的力量是很软弱的，它的大部分是对于外国帝国主义和国内封建主义都有或多或少的联系的。

(3)皇帝和贵族的专制政权是被推翻了，代之而起的先是地主阶级的军阀官僚的统治，接着是地主阶级和大资产阶级联盟的专政。在沦陷区，则是日本帝国主义及其傀儡的统治。

(4)帝国主义不但操纵了中国的财政和经济的命脉，并且操纵了中国的政治和军事的力量。在沦陷区，则一切被日本帝国主义所独占。

(5)由于中国是在许多帝国主义国家的统治或半统治之下，由于中国实际上处于长期的不统一状态，又由于中国的土地广大，中国的经济、政治和文化的发展，表现出极端的不平衡。

(6)由于帝国主义和封建主义的双重压迫，特别是由于日本帝国主义的大举进攻，中国的广大人民，尤其是农民，日益贫困化以至大批地破产，他们过着饥寒交迫的和毫无政治权利的生活。中国人民的贫困和不自由的程度，是世界所少见的。

296.(1)新民主主义革命的胜利，推翻了帝国主义、封建主义和官僚资本主义在中国的统治，建立了人民民主专政的人民共和国，广大人民群众真正当家作主，中国共产党成为全国范围的执政党，马克思主义成为指导思想，这些都为当代中国一切发展进步奠定了根本的政治前提。

(2)新中国成立后，中国共产党领导人民建立和巩固了各级地方人民政权，召开了地方各级人民代表大会，在此基础上，1954年9月，召开了第一届全国人民代表大会第一次会议，通过了《中华人民共和国宪法》，确立了社会主义政治制度，这是当代中国一切发展进步的政治方面的制度基础。

(3)通过对个体农业、个体手工业和资本主义工商业的社会主义改造，在全国范围建立了社会主义集体所有制和全民所有制，确立了社会主义经济制度，这是当代中国一切发展进步的经济方面的制度基础。

297. (1)工人阶级是近代中国诞生的被压迫阶级。鸦片战争后,外国资本在广州、上海等地经营近代工商业,其中产生了中国最早的一批产业工人。19世纪60年代以后,在洋务企业中,又产生了一批产业工人。70年代以后,在中国民族资本主义企业中,中国产业工人队伍又一次得以扩充。

(2)中国工人阶级的特点:第一,它深受帝国主义、封建势力和资产阶级三重压迫和剥削,劳动条件差,劳动时间长,工资待遇低,毫无政治权利,其革命性最强;第二,它人数虽少,但其工作在地区和行业上相对集中,便于形成革命的力量和传播先进思想;第三,它主要由破产农民和家庭手工业者转化而来,便于结成工农联盟。因此,中国工人阶级是近代中国社会中最先进、最革命、最有力量的阶级。

298. (1)毛泽东指出,中日战争不是任何别的战争,乃是半殖民地半封建的中国和帝国主义的日本之间在20世纪30年代进行的一个决死的战争。全部问题的根据就在这里。

(2)中日双方存在着互相矛盾的四个特点:敌强我弱,敌小我大,敌退步我进步,敌寡助我多助。一方面,日本是强国,中国是弱国,强国弱国的对比,决定了抗日战争只能是持久战。另一方面,日本是小国,发动的是退步的、野蛮的侵略战争,在国际上失道寡助;而中国是大国,进行的是进步的、正义的反侵略战争,在国际上得道多助。

(3)中国已经有了代表中华民族和中国人民根本利益的、政治上成熟的共产党及其领导的人民军队和抗日根据地。因此,最后胜利又将是属于中国的。

299. (1)中国人民抗日战争不仅是中华民族救亡图存的民族解放战争,也是世界反法西斯战争的重要组成部分。

(2)中国人民抗日战争是世界反法西斯战争的东方主战场。

(3)中国人民的持久抗战,不仅遏制了日本的"北进"计划,迟滞了日本的"南进"步伐,而且大大减轻了其他战场的压力,为同盟国军队完成太平洋战场的战略转折和实施战略反攻创造了有利条件。

(4)中国作为亚洲太平洋地区盟军对日作战的重要后方基地,为盟国提供了大量战略物资和军事情报。

300. 经过国家资本主义来改造资本主义工商业,意味着国家对资本主义工商业采取和平赎买的政策。其特点是:

(1)有偿地而不是无偿地,逐步地而不是突然地改变资产阶级的所有制;

(2)在改造他们的同时,给予他们以必要的工作安排;

(3)不剥夺资产阶级的选举权,并且对于他们中间突出的代表人物给以恰当的政治安排。

其意义是:

(1)对资产阶级实行赎买,这是列宁曾经设想并打算实行的方法。中国共产党把这种设想付诸实施并取得成功,资产阶级中的绝大多数人公开表示接受这样的方案;

(2)从根本上说,对于资本主义工商业的社会主义改造即符合于客观需要,也符合马克思主义理论,是一件有伟大历史意义的事情。

301. (1)在中国的条件下,可以走先合作化、后机械化的道路。在土地改革基本完成后,及时将"组织起来"作为农村工作的一件大事来抓。

(2)充分利用和发挥土改后农民的两种生产积极性,通过互助组、初级农业生产合作社、高级农业生产合作社这种由低到高的互助合作的组织形式,实行积极发展、稳步前进、逐步过渡的方针。

(3)农业互助合作的发展,要坚持自愿和互利的原则,采取典型示范、逐步推广的方法,发展一批,巩固一批。

(4)要始终把是否增产作为衡量合作社是否办好的标准。

(5)要把社会改造同技术改造相结合。在实现农业合作化以后,国家努力用先进的技术和装备发展农业经济。

302. 十一届三中全会通过了一系列重大的决议。

(1)全会完成了党的思想路线的拨乱反正。全会全面纠正了自1957年以来党在不同时期和不同程度上发生的指导思想上的"左"倾错误,特别是"文化大革命"的错误,重新恢复了党的正确的思想路线。

(2) 全会完成了党的政治路线上的拨乱反正。全会果断地停止使用"以阶级斗争为纲"的错误口号；作出把党和国家的工作重心转移到经济建设上来，实现改革开放的伟大决策。

(3) 全会重新确立了党的正确的组织路线，决定拨乱反正，并审查和解决党内一批重大冤假错案。

(4) 从党的指导思想和实际工作来说，形成了以邓小平为核心的党的第二代领导集体。

综上所述，十一届三中全会是建国以来党的历史上具有深远意义的伟大转折，也是共和国历史上一次伟大转折，它开创了社会主义现代化建设新时期的伟大起点。

303. 中共十三大的主要贡献是系统地论述了关于社会主义初级阶段的理论和党在社会主义初级阶段的基本路线。关于社会主义初级阶段理论，十三大指出：我国处在社会主义初级阶段这个论断，包括两层含义：第一，我国社会已经是社会主义社会。我们必须坚持而不能离开社会主义。第二，我国的社会主义社会还处在初级阶段，我们必须从这个实际出发，而不能超越这个阶段。

十三大系统地阐明了党在社会主义初级阶段的基本路线。这就是：领导和团结全国各族人民，以经济建设为中心，坚持四项基本原则，坚持改革开放，自力更生，艰苦创业，为把我国建设成为富强、民主、文明的社会主义现代化国家而奋斗。

真题试卷（一）

一、单项选择题（本大题共30小题，每小题1分，共30分）

1. B 2. A 3. C 4. D 5. C 6. B 7. D 8. A 9. B 10. C 11. D 12. B 13. D 14. C 15. A 16. A
17. D 18. C 19. B 20. C 21. D 22. C 23. C 24. A 25. A 26. B 27. A 28. B 29. D 30. C

二、多项选择题（本大题共10小题，每小题2分，共20分）

31. ABCD 32. CD 33. ABCD 34. ABD 35. AC 36. BCD 37. ACD 38. ABCD 39. BD 40. ABD

三、简答题（本大题共5小题，每小题6分，共30分）

41. 第一，洋务运动具有封建性。洋务派只注重西法练兵和办企业，而不去改变落后的封建制度。（2分）第二，洋务运动对西方列强具有依赖性。洋务派企图仰仗西方列强来达到"求强"、"求富"的目的，这无异于与虎谋皮。（2分）第三，洋务企业的管理具有腐朽性。洋务派对企业采取的是封建衙门式的管理方法。（2分）

42. 民族主义，指"驱除鞑虏，恢复中华"，主要是以革命手段推翻清王朝的统治。（2分）民权主义，指"创立民国"，即推翻封建君主专制制度，建立资产阶级民主共和国。（2分）民生主义，指"平均地权"，基本方案是：核定地价，按价征税，涨价归公，按价收买。（2分）

43. 第一，它是资产阶级民主主义新文化同封建主义旧文化的斗争，是辛亥革命在思想文化领域的延续，沉重打击了封建专制主义。（3分）第二，它大力宣传了民主和科学，启发了人们的民主主义觉悟，推动了人们思想的解放。（3分）

44. 湘赣边界秋收起义的特点在于：第一，放弃了"左派国民党"运动的旗号，公开打出了"工农革命军"的旗帜；（3分）第二，不仅是军队的行动，而且有数量众多的工农武装参加。（3分）

45. 统一战线中存在着两个联盟：一个是劳动者的联盟，主要是工人、农民和城市小资产阶级的联盟，这是基本的、主要的；（3分）一个是劳动者与非劳动者的联盟，主要是劳动者与民族资产阶级的联盟，有时还包括与一部分大资产阶级暂时的联盟，这是辅助的、同时又是重要的。（3分）

四、论述题（本大题共2小题，每小题10分，共20分）

46. 中日双方存在着互相矛盾的四个特点：敌强我弱，敌小我大，敌退步我进步，敌寡助我多助。（3分）一方面，日本是强国，中国是弱国，这就决定了抗日战争只能是持久战。（2分）另一方面，日本是小国，发动的是退步的、野蛮的侵略战争，在国际上失道寡助；而中国是大国，进行的是进步的、正义的反侵略战争，在国际上得道多助。（3分）中国已经有了代表中华民族和中国人民根本利益的共产党及其领导的人民军队和抗日根据地。因此，最后胜利是中国的。（2分）

47. 社会主义改造完成后，我国国内的主要矛盾，已经是人民对于建立先进的工业国的要求同落后的农业国的现实之间的矛盾,(3分)已经是人民对于经济文化迅速发展的需要同经济文化不能满足人民需要的状况之间的矛盾。(3分)党和全国人民的主要任务是集中力量来解决这个矛盾,(2分)把我国尽快地从落后的农业国变为先进的工业国。(2分)

真题试卷(二)

一、单项选择题(本大题共30小题,每小题1分,共30分)

1. A 2. A 3. B 4. B 5. A 6. C 7. C 8. D 9. A 10. D 11. B 12. C 13. B 14. B 15. B 16. A
17. A 18. D 19. D 20. A 21. C 22. C 23. D 24. C 25. D 26. C 27. D 28. C 29. D 30. C

二、多项选择题(本大题共10小题,每小题2分,共20分)

31. AB 32. ABCD 33. BCD 34. ABC 35. AC 36. ABCD 37. CD 38. ABCD 39. ABC 40. BCD

三、简答题(本大题共5小题,每小题6分,共30分)

41. (1)第一,深受帝国主义、封建势力和资产阶级三重压迫与剥削,革命性的最强。(2分)

   (2)第二,人数虽少,但相对集中,主要集中在大城市和大企业中,便于形成革命的力量。(2分)

   (3)第三,主要是由破产农民和家庭手工业者转化而来,同农民有着天然的联系,便于结成工农联盟。(2分)

42. (1)第一,不敢否定封建主义。(2分)

   (2)第二,对帝国主义抱有幻想。(2分)

   (3)第三,脱离人民群众。(2分)

43. (1)第一,国共合作的实现,革命统一战线的建立,特别是共产党员和共青团员的先锋模范作用是北伐胜利的重要原因。(2分)

   (2)第二,北伐军得到广大工农群众的大力支持。(2分)

   (3)第三,北伐战争得到苏联政策的多方面援助,特别是其军事顾问帮助北伐军制定了正确的战略战术。(2分)

44. (1)第一,全国人民的大团结,是中国人民战胜一切艰难困苦、实现抗战胜利的力量源泉。(2分)

   (2)第二,以爱国主义为核心的伟大民族精神是中国人民团结奋进的精神动力。(2分)

   (3)第三,中国人民热爱和平、反对侵略战争,同时又不惧怕战争。(2分)

45. (1)其一,冲破了"两个凡是"的思想束缚,是一场马克思主义的思想解放运动,成为拨乱反正和改革开放的思想先导。(3分)

   (2)其二,为中国共产党重新确立实事求是的思想路线,纠正长期以来的"左"倾错误,实现历史性转折作了思想理论准备。(3分)

四、论述题(本大题共2小题,每小题10分,共20分)

46. (1)第一,粉碎了国民党"围剿"红军、消灭革命力量的企图,是中国革命转危为安的关键。(2分)

   (2)第二,把中国革命的大本营放到了西北,为迎接抗日救亡新高潮准备了条件。(2分)

   (3)第三,保存并锤炼了中国革命的骨干力量。(2分)

   (4)第四,播撒了革命的火种。(2分)

   (5)第五,铸就了伟大的长征精神。(2分)

47. 1957年,毛泽东在《关于正确处理人民内部矛盾的问题》一文中提出,社会主义社会存在着敌我矛盾和人民内部矛盾两类性质根本不同的矛盾,(3分)前者需要用强制的、专政的方法去解决,后者只能用民主的、说服教育的、"团结——批评——团结"的方法去解决。(4分)这一学说创造性地阐述了社会主义社会矛盾学说,是对科学社会主义理念的重要发展,对中国社会主义事业具有长远的指导意义。(3分)

强化模拟(一)

一、单项选择题(本大题共25小题,每小题2分,共50分。)

1. D 2. D 3. C 4. D 5. B 6. C 7. A 8. D 9. A 10. C 11. D 12. D 13. B 14. B 15. A 16. C
17. A 18. B 19. B 20. C 21. B 22. B 23. B 24. A 25. C

二、简答题(本大题共5小题,每小题6分,共30分。)

26. (1)第一次鸦片战争以清政府的失败而告终。英国等列强迫使清政府签订了一系列不平等条约,攫取了大量侵略特权。中国逐渐沦入了国家政权形式上仍然存在,而主权受制于外国列强的半殖民地社会。

(2)鸦片战争后,随着五口通商和西方商品在中国的倾销,一方面,促使中国传统的封建的自给自足的自然经济开始解体;另一方面,促进了中国城乡商品经济的发展,中国出现了资本主义生产关系,不再是完全意义上的封建社会,而是一个半封建社会了。

(3)鸦片战争后,中国由原来的封建国家逐渐转变为半殖民地半封建国家。社会主要矛盾由封建主义与人民大众的矛盾变成了帝国主义与中华民族的矛盾、封建主义与人民大众的矛盾。

27. (1)《中华民国临时约法》是中国历史上第一部具有资产阶级共和国宪法性质的法典,它以根本大法的形式废除了两千年来的封建君主专制制度,确认了资产阶级共和国的政治制度。

(2)《中华民国临时约法》规定,"中华民国之主权属于国民全体",而"以参议院、临时大总统、国务员、法院行使其统治权";设国务总理,作为政府首脑;内阁辅佐临时大总统,为行政机关,行使行政权;设法院,行使司法权;参议院为立法机关,行使立法权,参议院还有弹劾大总统和国务员的权利;中华民国国民一律平等,享有人身、财产、集会、结社、出版、言论等自由,享有请愿、陈述、考试、选举与被选举等民主权利。

28. 1949年6月30日,毛泽东发表了《论人民民主专政》一文,系统地阐明了中国共产党关于建立人民民主专政的新中国的主张。

(1)人民民主专政的基础是工人阶级、农民阶级和城市小资产阶级的联盟。

(2)工人阶级和农民阶级的联盟是主要的联盟,因为这两个阶级占了中国人口的80%~90%。推翻帝国主义和国民党反动派,主要是这两个阶级的力量。由新民主主义到社会主义,主要依靠这两个阶级的联盟。

(3)为建立新中国,必须利用一切于国计民生有利的城乡资本主义因素,团结民族资产阶级。但是民族资产阶级不能充当革命的领导者,也不应当在国家政权中占主要的地位。毛泽东指出:总结我们的经验,集中到一点,就是工人阶级(经过共产党)领导的以工农联盟为基础的人民民主专政。这个专政必须和国际革命力量团结一致。

29. (1)中国共产党在新中国成立前夕提出了"另起炉灶""打扫干净屋子再请客""一边倒"的外交方针。新中国成立后,中央人民政府按照《中国人民政治协商会议共同纲领》确定的外交原则和政策,积极开展外交工作,打开对外关系,同10多个国家建立了外交关系。

(2)1949年12月,毛泽东访问苏联,1950年2月,双方签订《中苏友好同盟互助条约》。同时,中苏之间一系列协定的签订,使新中国在收回旧政权丧失的国家权益的基础上,同苏联建立起平等互助的新型同盟关系,在国际社会树立起独立自主办外交的良好形象。

(3)1952年10月,亚洲太平洋地区和平会议在北京召开,37个国家的370多名代表出席会议,会议号召亚太地区和全世界人民行动起来,反对美国的战争政策,保卫世界和平。这是新中国成立后主持召开的第一次大型国际会议。

30. (1)2012年11月中共十八大召开。报告系统总结了中共十七大以来五年和十六大以来十年奋斗历程及其成就,指出:科学发展观同马克思列宁主义、毛泽东思想、邓小平理论、"三个代表"重要思想一道,是党必须长期坚持的指导思想。报告阐明中国特色社会主义的总依据、总布局、总任务,阐明中国社会主义道路、理论体系、制度的科学内涵及其相互关系,明确提出夺取中国特色社会主义新胜利必须牢牢把握的八项基本要求。报告重申"两个一百年"的奋斗目标,要求全党坚定道路自信、理论自信、制度自信。报告要求以改革创新精神全面推进党的建设新的伟程,全面提高党的建设科学化水平。以加强党的执政能力建设、先进性和纯洁性建设为主线,建设学习型、服务型、创新型的马克思主义执政党。

(2)中共十八大是在夺取全面建成小康社会的关键时刻召开的。十八大精神归结到一点,就是坚持和发展中国特色社会主义。

三、论述题(本大题共3小题,考生任选其中2题作答,每小题10分,共20分。)

31.(1)性质:《资政新篇》是一个带有鲜明的资本主义色彩的改革与建设方案。

(2)主要内容:

①政治方面主张"禁朋党之弊";加强中央集权,制定法律、制度;设"暗柜",用以监督官员,改革弊政。

②经济方面主张发展近代工矿、交通、邮政、金融等事业;吸取外国的科学技术,奖励科技发明和机器制造;提出"准富者请人雇工",即提倡资本主义的雇佣劳动制。

③思想文化方面提出设新闻官、新闻馆;主张革除缠足、溺婴等社会陋习;提倡兴办学校、医院和社会福利事业。

④外交方面主张同世界各国交往、通商;强调允许外国人为天国献策,但不得毁谤国法。

32.(1)历史意义:第一,它沉重打击了帝国主义和封建主义的统治势力,中国人民的觉悟程度和组织程度有了明显的提高,实际上是迎接未来革命胜利的一次伟大的演习。第二,它扩大了中国共产党在中国人民中的政治影响,宣传了党在民主革命阶段的纲领,使党经受了一次大革命的洗礼,积累了初步的经验。中国共产党人正是从这场革命的失败中汲取教训,开始懂得进行土地革命和掌握革命武装的重要性,为把中国革命推进到新的土地革命战争阶段准备了必要的条件。

(2)失败的原因和教训:客观上,一是敌我力量悬殊,反革命力量十分强大;二是革命统一战线内部出现剧烈分化,蒋介石、汪精卫先后分裂统一战线,制造反共政变,使革命力量遭到严重损失。主观上,以陈独秀为首的中共中央领导机关在大革命后期犯了右倾机会主义错误,放弃了无产阶级对农民群众、城市小资产阶级和民族资产阶级的领导权,尤其是武装斗争的领导权。当时的中国共产党处于幼年时期,缺乏对中国社会和中国革命基本问题的深刻认识,缺乏革命经验尤其是处理同资产阶级的复杂关系的经验,还不善于把马克思主义基本原理和中国革命的实践结合起来。当时的中国共产党作为共产国际的一个支部,直接受共产国际的指导。共产国际及其在中国的代表虽然在这次大革命中起了积极的作用,但也出了一些错误的主意。共产国际的错误指导,对酿成陈独秀右倾机会主义错误有直接影响。

33.1957年2月,毛泽东发表《关于正确处理人民内部矛盾的问题》的讲话,系统阐释了社会主义社会的基本矛盾理论。

(1)基本内容:第一,社会主义社会的基本矛盾仍然是生产力和生产关系、经济基础和上层建筑之间的矛盾。这些矛盾可以经过社会主义制度本身的自我调整和完善,不断地得到解决。这实际上为积极促进社会主义制度的自我完善和发展奠定了理论基石。第二,概括提出了区分和处理敌我和人民内部两类矛盾的学说。社会主义社会存在着敌我之间和人民内部两类性质根本不同的矛盾,前者需要用强制的、专政的方法去解决,后者只能用民主的、说服教育的方法去解决。第三,提出要把正确处理人民内部矛盾作为国家政治生活的主题。

(2)意义:《关于正确处理人民内部矛盾的问题》是一篇重要的马克思主义文献。它运用马克思主义对立统一规律,创造性地阐述了社会主义社会矛盾学说,是对科学社会主义理论的重要发展,奠定了我们改革开放的基础,对中国社会主义事业具有长远的指导意义。

强化模拟(二)

一、单项选择题(本大题共25小题,每小题2分,共50分。)

1.C 2.D 3.C 4.B 5.B 6.D 7.B 8.A 9.D 10.C 11.B 12.D 13.B 14.D
15.D 16.A 17.B 18.B 19.B 20.C 21.D 22.A 23.B 24.C 25.D

二、简答题(本大题共5小题,每小题6分,共30分。)

26.(1)消除内乱,打倒军阀,建设国内和平;推翻国际帝国主义的压迫,达到中华民族完全独立;统一中国为真正的民主共和国。

(2)中共二大在中国近现代历史上第一次明确提出了反帝反封建的民主革命纲领,科学地解决了长期以来中国民族民主革命没有明确革命的对象和动力、没有分清敌友等一系列革命的基本问题。二大后,党的民主革命纲领很快传播开来,并广为人们所接受。

27.(1)第一步,实现国民生产总值比1980年翻一番,解决人民的温饱问题,这个任务已经基本实现;第二步,到20世纪末,使国民生产总值再增长一倍,人民生活达到小康水平;第三步,到21世纪中叶,人均国民生产总值达到中等发达国家水平,人民生活比较富裕,基本实现现代化。

(2)"三步走"发展战略及相关政策的制定,进一步解决了中国现代化建设的目标、步骤等关系全局的重大问题,对中同未来几十年的发展具有深远的影响。中共十一届三中全会以来的实践历程,正是"三步走"的现代化建设宏伟蓝图逐步变为现实的过程。

28.(1)1958年11月,毛泽东主持召开了第一次郑州会议,开始纠正已经觉察的"左"的错误;11月到12月间,在武昌举行了中共中央政治局扩大会议,接着又举行了中共八届六中全会,全会通过了《关于人民公社若干问题的决议》。根据中共八届六中全会的部署,各地普遍开展了整顿人民公社的工作。1959年2、3月间召开的第二次郑州会议,进一步纠正"左"的错误。

(2)总体来说,从第一次郑州会议开始,经过八九个月纠"左"的努力,取得了初步的成效。但是,这种纠"左"是在继续坚持总路线、"大跃进"、人民公社这"三面红旗"的前提下进行的,因而不可避免地带有很大的局限性。

29.(1)兴办近代企业。最早兴办的是军用工业,30余年中先后办过24个规模不同的兵工厂。之后举办民用企业,经营轮船、电报、采矿冶炼与纺织工业四个部门。

(2)建立新式海陆军。训练八旗兵丁使用洋枪洋炮;成立洋枪队,聘请英法等国军官为教练。分别建成福建水师、广东水师、南洋水师、北洋水师。

(3)创办新式学堂、派遣留学生。创办了30多所新式学堂;先后派遣4批120名幼童赴美学习,还派遣官费留学生赴英、法、德等国学习。

30.(1)国共合作的实现,革命统一战线的建立,特别是共产党员和共青团员的先锋模范作用是北伐胜利的重要原因。

(2)北伐战争是反对帝国主义和封建军阀的正义的革命战争,得到广大工农群众的大力支持。

(3)北伐战争得到苏联政府的多方面援助,特别是派出的军事顾问帮助北伐军制定了正确的军事战略战术。

三、论述题(本大题共3小题,考生任选其中2题作答,每小题10分,共20分。)

31.(1)以爱国主义为核心的伟大民族精神是中国人民抗日战争胜利的决定性因素。在抗日战争时期,这种民族觉醒和民族精神升华达到了全新的高度,形成了伟大的抗战精神,全体中华儿女众志成城、共御外侮,为民族而战,为祖国而战,为尊严而战,汇聚起气势磅礴的力量。

(2)中国共产党的中流砥柱作用是中国人民抗日战争胜利的关键。中国共产党坚持全面抗战路线,制定正确的战略策略,开辟广大敌后战场,成为坚持抗战的中坚力量;中国共产党人成为夺取战争胜利的民族先锋。

(3)全民族抗战是中国人民抗日战争胜利的重要法宝。中国共产党领导开辟的敌后战场和国民党指挥的正面战场协力合作,形成了共同抗击日本侵略者的战略局面。中国共产党坚持动员人民、依靠人民,提出和实施持久战的战略总方针和一整套人民战争的战略战术,使日本侵略者陷入了人民战争的汪洋大海之中。

(4)世界所有爱好和平和正义的国家和人民、国际组织以及各种反法西斯力量的同情和支持,是中国人民抗日战争取得胜利的国际条件。

32.(1)它沉重打击了封建统治阶级,强烈撼动了清政府的统治根基,加速了清王朝的衰败过程。

(2)它是中国旧式农民战争的最高峰,具有不同于以往农民战争的新的历史特点。太平天国建立了自己的政权,提出了《天朝田亩制度》,比较完整地表达了千百年来农民对拥有土地的渴望。《资政新篇》则是中国近代史上第一个具有资本主义色彩的方案,反映出太平天国农民战争新的历史特点。

(3)太平天国对孔子及儒家经典予以严厉批判,在一定程度上削弱了封建统治的精神支柱。

(4)太平天国农民战争有力地打击了外国侵略势力,与英法军队和由外国军官指挥的"常胜军""常捷军"

进行了英勇的斗争。

(5)在19世纪中叶的亚洲民族解放运动中,太平天国农民战争和其他亚洲国家的民族解放运动汇合在一起,冲击了西方殖民主义在亚洲的统治。

33. 主要内容:

(1)阐述了要坚持党在社会主义初级阶段的基本路线不动摇;

(2)阐述了社会主义市场经济的理论;

(3)创造性地提出了社会主义本质论和判断各项事业是非得失的标准;

(4)对反对错误倾向做出了新概括;

(5)对台经济发展战略和科学技术的作用做出了新概括。

主要意义:在重大历史关头,科学地总结了十一届三中全会以来党的基本实践和基本经验,明确回答了长期困扰和束缚人们思想的许多重大人事问题,对整个社会主义现代化建设事业产生了重大而深远的影响。